Adrian Plass

Die rastlosen Reisen des frommen Chaoten

Das garantiert letzte Tagebuch
eines begnadeten, internationalen,
christlichen Redners

Aus dem Englischen
von Christian Rendel

Brendow
Buch · Kunst · Verlag

Dieses Buch ist Jeremy Gates gewidmet.

Die Deutsche Bibliothek – CIP-Einheitsaufnahme

Plass, Adrian:
Die rastlosen Reisen des frommen Chaoten :
das garantiert letzte Tagebuch eines begnadeten, internationalen,
christlichen Redners / Adrian Plass.
Aus dem Engl. von Rendel, Christian. – Moers: Brendow, 1996
(Edition C : C ; 479)
Einheitssacht.: The sacred diary of Adrian Plass – Christian Speaker <dt.>
ISBN 3-87067-634-5 Pb.
ISBN 3-87067-669-8 Gb.
NE: Edition C / C

ISBN 3-87067-634-5
Edition C, C 479

Original: The Sacred Diary of Adrian Plass – Christian Speaker.
Aged Forty-five and Three Quarters.
Einbandgestaltung: Kortüm + Georg, Münster
Printed in Germany

Montag, 31. Januar

War gestern im Gottesdienst während der Predigt etwas abgelenkt. Sehr intelligenter Gastredner. So intelligent, daß ich nicht die leiseste Ahnung hatte, wovon er sprach.

Gegen Anfang seiner Ansprache sagte er plötzlich sehr laut: »Wer wird sich erheben und das Mißfallen des Herrn an Gemeinden bezeugen, die unbußfertig kleistogam sind?«

Richard Cook, der neben mir saß, sprang auf und rief: »Ja, Herr, wir weisen diese kleistogamen Tendenzen in unserer Gemeinde zurück, und wir stellen uns ihnen entgegen!«

Als er sich wieder setzte, beugte ich mich zu ihm hinüber und flüsterte ihm ins Ohr: »Was bedeutet kleistogam?«

Er flüsterte zurück: »Keine Ahnung.«

Ehrlich!

Während der Redner weiterleierte, beschloß ich, wieder ein Tagebuch zu beginnen, nur für eine Weile, um einige meiner Erfahrungen in meiner Rolle als christlicher Redner aufzeichnen zu können. Jede Menge Einladungen für die nächsten drei Monate, und da ich vor dem Ende des Finanzjahres noch massenweise Urlaub zu verbrauchen habe, werde ich eine ganze Menge davon annehmen können.

Unglaublich, wie das alles ins Rollen gekommen ist. Es fing damit an, daß ich von örtlichen Gemeinden eingeladen wurde, Auszüge aus den Sachen vorzulesen, die ich geschrieben hatte, doch in den letzten zwei Jahren bin ich kreuz und quer durchs ganze Land gekommen. Inzwischen mache ich nicht nur Lesungen, sondern sage auch etwas. Anne sagt, es hört sich ganz gut an, solange ich die Wahrheit sage, aber wenn nicht, klinge ich wie ein aufgeblasener Trottel – ich glaube, so hat sie sich ausgedrückt. Sie hat eine ganz besonders subtile Gabe der Ermutigung.

Kaum zu glauben, daß meine drei Bücher über die Leute aus unserer Gemeinde von so vielen Leuten gelesen worden sind. Bin froh, daß Gerald mich überredet hat, mein erstes Tagebuch an einen Verleger zu schicken, obwohl ich ein wenig schockiert war, als ich feststellte, daß das Buch, das eigentlich eine ernsthafte, hilfreiche Darstellung des Christseins im Alltag hätte sein sollen, von

Kritikern als »beißende Satire über die moderne Gemeinde« bezeichnet wurde. Etwas ärgerlich auch, einige meiner wichtigen geistlichen Einsichten als »lächerliche moderne religiöse Einstellungen, urkomisch karikiert« etikettiert zu sehen.

Aber wenn die Leute sagen, es sei beißende Satire, dann ist es das vielleicht auch. Zumindest habe ich den Kniff jetzt heraus – ich brauche nur ernsthaft zu schreiben, und die Leute brüllen vor Lachen. Ich hoffe wirklich, daß dieses Buch schließlich als eine Art ernsthaftes Handbuch für christliche Redner benutzt werden wird, aber nachdem ich erlebt habe, was mit dem ersten passiert ist, würde es mich nicht wundern, wenn es einmal als wichtiger Beitrag auf dem Gebiet der Begonienzucht gelten würde.

Wir werden sehen...

Muß im Lexikon nachsehen, was »kleistogam« ist...

Dienstag, 1. Februar

Habe heute morgen beschlossen, daß ich auch eine dieser Unterstützergruppen haben sollte, die viele andere christliche Redner haben. Je mehr ich darüber nachdachte, desto besser gefiel mir die Vorstellung. Ich als Gottes auserwähltes Werkzeug, eindrucksvoll und ummäntelt mit Vollmacht in der Öffentlichkeit, doch zurückhaltend und voll sanfter Freundlichkeit im Privatleben, wo ich mich in demütiger Unterordnung den Diensten, den Ratschlägen und der Kritik, einer kleinen Gruppe von Leuten öffnen würde, die es als ein Vorrecht empfänden und stolz darauf wären, an dem teilzuhaben, was Gott durch mich täte.

Erwähnte die Idee beim Frühstück gegenüber Anne und Gerald.

»Die Sache ist die«, sagte ich, »daß ich mich ihrem Rat und ihrer Kritik unterordnen würde und ihnen gegenüber gewissermaßen rechenschaftspflichtig wäre und... äh... so.«

Anne ließ mitten im Toastbrotschmieren das Messer sinken, lachte kurz auf und sagte: »Aber du kannst doch Kritik nicht *ausstehen*, Schatz. Das war schon immer so. Du kriegst Wutanfälle, sobald jemand irgend etwas sagt, das auch nur entfernt nach Kritik klingt – stimmt's nicht, Gerald?«

»Mama hat recht, Papa«, sagte Gerald. »Kritik ist eines von den

Dingen, bei denen kleine Schaumfleckchen in deinen Mundwinkeln auftauchen.«

War völlig entsetzt über diese Reaktion auf meine Idee. »Ich kann Kritik *sehr wohl* ausstehen, Anne – ich habe noch nie im Leben einen solchen Unsinn gehört! Wie kannst du nur so etwas sagen? Mir ist das Herz eines Dieners gegeben.«

Gerald sagte: »Dann hat dein Organismus wohl das Transplantat abgestoßen, Papa.«

Ignorierte ihn.

»Und ich kriege auch keine ›Wutanfälle‹. Das klingt ja, als wäre ich – als wäre ich ein kleines Kind, dem gesagt wird, daß es keinen Bonbon mehr kriegt. Bitte nehmt zur Kenntnis, daß Gott in mir mächtig gearbeitet hat, was den Bereich Kritik angeht. Offen gesagt, ihr könntet gar nicht falscher liegen, selbst wenn ihr es darauf anlegen würdet.«

An dieser Stelle brachen beide in Gelächter aus, aus Gründen, die mir völlig unverständlich waren. Gerald war so mit Kichern beschäftigt, daß er gar nicht merkte, daß seine Haarspitzen in der Marmelade hingen. Das tröstete mich etwas.

Als sie sich wieder erholt hatte, sagte Anne: »Tut mir leid, Adrian, ich bin sicher, daß Gott mächtig in dir gearbeitet hat, es ist nur –«

»Daß es noch nicht offenbar geworden ist.«

»Nein, Gerald, bitte nicht – das wollte ich nicht sagen. Was ich sagen wollte«, fuhr Anne in ihrem vernünftigen Tonfall fort, »war, daß du dich *wirklich* verändert hast. Du hast ganz recht. Du *bist* dir jetzt viel mehr der Probleme und Fehler bei dir selbst bewußt, die du in der Vergangenheit überhaupt nicht bemerkt hast. Aber seien wir ehrlich, Schatz, es fällt dir immer noch nicht leicht – nun ja, dir anzuhören, was andere Leute darüber zu sagen haben, stimmt's? Es ist sicherlich sehr nützlich und beeindruckend, wenn du vor großen Sälen voller Leute stehst und erzählst, daß du keine besonders großartige Person bist, aber schließlich hast du vollkommen in der Hand, was die Leute in so einer Situation über dich wissen dürfen, nicht wahr? Die halten dich sogar für um so toller, weil du so offen über deine Fehler redest, also gewinnst du so oder so, oder? Und das ist prima, solange du ein bißchen Kritik von Leuten wie uns vertragen kannst, die dir nahestehen und sich nicht so leicht beeindrucken lassen.«

Sie beugte sich herüber und ergriff meine Hand. »Es tut mir leid, Schatz. Gerald und ich hätten eben nicht so über dich lachen sollen. Es war nur so witzig, daß du einen Wutanfall kriegtest, als ich dich dafür kritisierte, daß du jedesmal einen Wutanfall kriegst, wenn jemand dich kritisiert. So war es doch, oder nicht? Adrian, du siehst doch, worauf ich hinauswill, nicht wahr?«

Vorübergehend gelähmt durch die Schlacht, die in mir tobte. Wollte nicht beleidigt oder wütend wirken, weil die beiden das sicher wieder als Unfähigkeit, Kritik anzunehmen, interpretiert hätten, wollte aber auch nichts sagen, da ich wußte, daß es beleidigt oder wütend klingen würde, denn so fühlte ich mich im Moment nun einmal. Brachte eine Art hölzerne Nickbewegung mit glasigem Blick zustande.

»Falls es dir etwas hilft, Papa«, sagte Gerald, der inzwischen etwas auf die Rückseite eines Briefumschlages gekritzelt hatte, »hier ist ein kleines Gedicht zum Thema:

Frei bekenn' ich meine Sünden,
denn Gott gewährt mir Gnade,
doch hältst du mir die Fehler vor,
polier' ich dir die Fassade.

Trifft das ungefähr den Kern?«

Konnte mir das Lachen nicht verkneifen. Anne ging frischen Kaffee aufsetzen.

Ich sagte: »Dann findet ihr die Idee mit der Unterstützergruppe also nicht gut?«

»O doch«, sagte Anne, »ich finde die Idee hervorragend, solange du dich wirklich angreifbar zeigst und sie nicht nur als Mittel gebrauchst, um – nun ja, um deinen Status als ›Star‹ zu betonen und zu genießen. Aber das willst du ja nicht, oder?«

Klingt ja, als wäre ich Little Richard.

»O nein… nein, das wäre schrecklich. Das fände ich absolut grauenhaft…«

»Und du willst doch sicherlich auch nicht die Zeit der anderen verschwenden, nicht wahr? Weißt du was? Warum bittest du nicht Edwin, eine Gruppe für dich zusammenzustellen? Er weiß am besten, welche Leute er darum bitten kann.«

»Ach«, sagte ich, »ich hatte eigentlich eher gedacht, *ich* würde mir aussuchen, wer dazukommt.«

»Genau«, sagten Anne und Gerald im Chor.

Dankte Gott widerwillig, aber aufrichtig für meine Familie, bevor ich heute abend zu Bett ging.

Wüßte gern, ob Norma Twill in meiner Unterstützergruppe sein wird. Eigentlich aus keinem besonderen Grund. Wüßte es nur gern, weil sie – nun, weil sie sehr... äh... nett ist.

Mittwoch, 2. Februar

Zwei Uhr nachmittags.

Habe gerade mit Everett Glander zu Mittag gegessen, der sich immer noch nicht bekehrt hat, obwohl er doch nun schon seit zehn Jahren Kontakt zu mir hat – dem großen reisenden Evangelisten!

Werde allmählich ziemlich nervös. Wenn ich es nicht schaffe, die Person zu bekehren, die seit einem Jahrzehnt neben mir sitzt, wie soll ich dann bei irgend jemand anderem etwas bewirken? Was bilde ich mir eigentlich ein? Ich meine, ich fühle mich nicht einmal wie jemand, von dem man sich vorstellen könnte, daß Gott ihn gebraucht, um mit Menschen zu kommunizieren. Und was bringt mich auf den Gedanken, daß eine Gruppe vielbeschäftigter Leute ihre Zeit damit verschwenden würde, mich zu unterstützen, wenn sie selbst wichtige Dinge zu tun haben? Und warum sollte Gott überhaupt wollen, daß ich, ausgerechnet ich, hingehe und ihn repräsentiere? Angenommen, er *will* eigentlich gar nicht, daß ich ihn repräsentiere, aber meine Ohren sind vom Satan verstopft worden. Was ist, wenn der Teufel mich um den Finger gewickelt hat? Angenommen, ich wäre ein aktiver Handlanger des Bösen, ohne es zu merken. Was ist, wenn ich der Antichrist bin? Was ist, wenn ich tatsächlich das Tier aus der Offenbarung bin, dazu bestimmt, für alle Ewigkeit in den Feuersee geworfen zu werden?

Beunruhigt mich ein bißchen, der Gedanke.

23.30 Uhr.
Habe Gerald gezeigt, was ich im Büro geschrieben habe, als er heute abend heimkam. Er las es und sagte: »Ja, sehr ausgewogener Gedankengang, Papa, wie üblich. Meinst du nicht, du hast dich da vielleicht ein kleines bißchen hineingesteigert? Wenn die Engel dereinst gemächlich durch die Stadt aus Gold schlendern und ihr Tier mit Pommes genießen, eingewickelt in alte Heukelbach-Traktate, kann ich mir irgendwie nicht vorstellen, daß du es bist, den sie da verzehren.«

Sagte ihm, daß ich eigentlich selbst nicht glaube, was ich da geschrieben habe – es käme mir nur sozusagen etwas albern vor, mir einzubilden, daß Gott mich »aussendet«. Er nickte sehr nachdenklich und sagte, er werde die Angelegenheit gründlich überdenken.

Weiß nicht, was mit Gerald im Moment los ist. Bin nicht sicher, ob wir uns Sorgen um ihn machen sollten oder nicht. Er hat seinen Job hingeschmissen und ist wieder bei uns eingezogen. Schön, ihn hierzuhaben, aber was ist los? Im Moment lebt er von seinen Ersparnissen und sagt, er habe eine große Entscheidung zu treffen. Anne und ich ertappen uns ständig dabei, daß wir nervös hinter ihm herschleichen, als ob er jeden Augenblick explodieren könnte. Ständig macht er lange Spaziergänge oder arbeitet stundenlang an seinem Computer oder sitzt einfach still in seinem Zimmer.

Er sagt, er würde gerne mitkommen, wenn ich losziehe, um meine Ansprachen zu halten. Gutes Zeichen – oder?

Sicher.

Donnerstag, 3. Februar

Habe heute frei genommen, um einige wichtige Vorbereitungen zu treffen.

Kam spät herunter und stellte fest, daß Gerald bereits zu einem seiner Marathon-Spaziergänge aufgebrochen war. Fand einen Umschlag auf dem Küchentisch, der schlicht an »666« adressiert war. Finde ich überhaupt nicht amüsant. Drinnen waren vier beschriebene Blätter. Das erste las sich folgendermaßen:

Lieber Spielball Satans,
habe über das nachgedacht, was Du gestern gesagt hast, und bin zu dem Schluß gekommen, daß Du Dir keine Sorgen zu machen brauchst, solange Du nicht tatsächlich anfängst, Dich für jemanden zu halten, auf dessen Mitarbeit zu verzichten Gott sich gar nicht leisten könnte. Er hat schon immer Idioten gebraucht – tut mir leid, ich meine damit nicht, daß Du ein Idiot bist – Du weißt schon, wie ich das meine. Was ich sagen will, ist: Es gibt keine besonderen Leute, nur gewöhnliche. Wenn er meint, daß Du ihm von Nutzen sein kannst, dann ist das sein Problem, nicht Deines. Ich dachte mir, Dich interessiert vielleicht der beigelegte Abschnitt aus der Bibel, den ich ein wenig umgeschrieben habe. Ich glaube eigentlich nicht, daß es damals anders war. Gewöhnliche Leute – etwas anderes gibt es nicht.

Alles Liebe,
der Sohn des Tieres.

Machte mir einen Kaffee, setzte mich an den Küchentisch und faltete die drei Blätter auseinander, die mit dem Brief im Umschlag gewesen waren. Habe Geralds »umgeschriebenen Bibelabschnitt« hier abgeschrieben. Was wohl Gott davon hält? Ich habe so ein komisches Gefühl, als ob er für Gerald die Regeln ein bißchen großzügiger auslegt...

»Nach diesem aber bestellte der Herr auch siebzig andere und sandte sie zu je zwei vor seinem Angesicht her in jede Stadt und jeden Ort, wohin er selbst kommen wollte. Er sprach aber zu ihnen: ›Die Ernte zwar ist groß, der Arbeiter aber sind wenige. Bittet nun den Herrn der Ernte, daß er Arbeiter aussende in seine Ernte. Gehet hin! Siehe, ich sende euch wie Lämmer mitten unter die Wölfe. Traget weder Börse noch Tasche noch Sandalen, und grüßet niemand auf dem Weg.‹

Und siehe, einer von den siebzig erhebt seine Hand und fraget: ›Wenn du »Sandalen« sagst, Herr, sollen wir das als allgemeinen Oberbegriff für alle Arten von Fußbekleidung verstehen, oder geht es dir insbesondere um Sandalen. Ich frage nur, sintemal ich ein außerordentlich schönes Paar Wanderschuhe besitze, ideal für Leute, die umherwandern, wie du es uns wahrlich befiehlst.‹

Bevor der Herr antworten konnte, fällt ihm ein anderer ins Wort und spricht: ›Herr, ich habe deine Worte vernommen, aber siehe, die Haut unter meinen Füßen und auch unter den Füßen meines Freundes Fidybus – dessen, der mit mir zusammen eine Zweiergruppe bildet, sintemal wir über längere Zeit gut miteinander auskommen und das schon immer so war, seit wir als Knaben zusammen spielten... äh, mir entfällt, was ich sagen wollte...‹

Jesus spricht müde: ›Etwas über die Haut unter deinen Füßen und denen deines Freundes Fidybus?‹

›Ah, wahrlich, ja, jetzt kommt es mir wieder. Die Haut unter meinen Füßen ist ebenso wie die unter den Füßen meines Freundes Fidybus, denn sie wird auf steinigem Boden bald wund und empfindlich. Und uns kommt der Gedanke, daß der Anblick zweier Männer, die einander stützen und langsam und unter Schmerzen einherhumpeln und ›Uh!‹ und ›Ah!‹ und ›Au!‹ machen, wann immer einer von ihnen einen Fuß auf die Erde setzt, diejenigen in den Städten und Orten, in die du uns sendest, zum Spott veranlassen könnte, wenn wir die Botschaft verkündigen, daß der Sohn Gottes naht. ›Wie müssen erst *seine* Füße aussehen, wenn er noch nicht einmal mit diesen beiden Clowns Schritt halten kann!‹ werden sie höhnen. Dürfen wir daher, Meister, um deinen Segen für den Einfall bitten, Lumpen um jeden meiner Füße und jeden der Füße meines Freundes Fidybus zu wickeln? Schließlich fallen Lumpen keineswegs unter die Wörterbuchdefinition von Sandalen, stimmst du uns nicht zu?‹

Und siehe, ein wahrliches Babel fußbekleidungsbezogener Anfragen erfüllt die Luft, und Jesus erhebt seine Hand und spricht: ›Moment mal! Laßt mich die Sache klarer ausdrücken. Keine Sandalen bedeutet nichts an den Füßen, ja? Nichts! Weder Wanderstiefel noch Lumpen noch Tennisschuhe noch Skateboards noch irgend etwas, das ich im weitesten Sinne des Wortes als Sandale auslegen könnte. Habt ihr das alle verstanden? Gut. Und nun, macht euch auf zu je zwei, und – ‹

›Äh, entschuldige, Herr.‹

›Ja, Thomas?‹

›Wegen deines Befehls, daß wir zu je zwei gehen sollen.‹

›Ja?‹

›Äh, niemand will mit Thribbiel gehen.‹

Und der Herr fragt: ›Nun, und warum will niemand mit Thribbiel gehen? Er sieht doch ganz verträglich aus.‹

›Er ist ein bißchen merkwürdig, Herr.‹

›Nun, wir sind *alle* ein bißchen merkwürdig, oder nicht? Wie auch immer, ich organisiere es immer so, daß wir eine gerade Anzahl ergeben. Mit wem gehst du, Thomas?‹

Thomas erwidert traurig: ›Mit mir will auch niemand gehen, Herr. Schon in der Grundschule hat mich nie jemand ausgewählt.‹

›Nun, könnte es nicht sein, daß Thribbiel mit dir gehen will?‹

›Ich bezweifle es.‹

›Nun, dann fragen wir ihn doch einfach, was meinst du? Thribbiel, möchtest du Thomas begleiten?‹

›Ja, Herr, aber könntest du ihn bitten, daß er sich ein bißchen weniger negativ benimmt? Er kann einen so richtig »runterziehen«.‹

›Thomas, kannst du das tun?‹

›Ich bezweifle es, aber wahrlich, ich werde es versuchen.‹

›Gut‹, spricht der Herr, ›und nun können wir vielleicht endlich weitermachen. Macht euch auf zu je zwei, und – ‹

›Befiehl Thribbiel, daß er nicht so viele Witze macht, Herr. Es liegt wenig Sinn darin, daß ich positiver bin, wenn er nicht einmal versucht – ‹

›Macht das unter euch aus!‹ spricht der Herr. ›Wahrlich, diese ganze Angelegenheit wirkt eher wie ein Kindergartenpicknick denn wie ein Auftrag, das Reich Gottes zu errichten.‹ Er hält inne, um sich zu sammeln. ›Also, ich wiederhole meinen Befehl, daß ihr euch zu je zwei aufmacht, weder Beutel noch Tasche noch Sandalen tragt und unterwegs niemanden grüßt. Und jetzt geht!‹

Doch sofort erhebt einer der Siebzig seine Hand, um den Herrn zu fragen, ob er ein kleines rosa Handtuch mitnehmen dürfe, und sofort fangen alle wieder von vorne an. Einer erkundigt sich bezüglich seines Kulturbeutels, der genau in eine kleine Tasche paßt, die ihm seine Mutter extra in sein Gewand genäht hat, ein anderer fleht, ihm möge ein kleines Stofftier gestattet sein, ohne welches er sich nachts nicht sicher fühlt, und wieder ein anderer wünscht für den Fall, daß er den Herrn selbst unterwegs trifft, zu wissen, ob der Befehl, niemanden zu grüßen, auch für diesen Fall gilt, bis sich, siehe, ein großer Lärm törichter Fragen erhebt.

Da ruft der Herr laut nach Ruhe und spricht: ›Hört mal, ich glaube, wir haben den Sinn dieser Reise noch nicht ganz begriffen, nicht wahr? Es geht nicht darum, daß ihr alle möglichen Sachen in euer Gepäck schmuggelt und euch darauf herausredet, daß Stofftiere nicht durch die Duden-Definition von Sandalen abgedeckt sind, sondern darum, daß ihr von mir abhängig seid! Versteht ihr das? Kein Beutel, keine Tasche, keine Sandalen, kein Teddybär, keine Visakarte – geht einfach!‹

Darauf senkt sich ein langes Schweigen herab, und gerade, als Jesus schon glaubt, sie seien jetzt tatsächlich zum Aufbruch bereit, erhebt sich eine ängstliche Hand.

Jesus betrachtet den Besitzer der Hand mit zusammengekniffenen Augen. ›Ja?‹

›Äh, wegen deines Befehls, daß wir keine Börse mitnehmen sollen, Herr?‹

›Ja.‹

›Nun, äh, um ehrlich zu sein, ich weiß nicht, was eine Börse ist, Herr, und, nun ja, es macht mir Sorgen, daß ich, äh, eine Börse mitnehmen könnte, ohne zu wissen, daß ich sie habe. Also dachte ich mir…‹

Als sie das hören, spotten die anderen neunundsechzig laut, lachen und rufen: ›Ha! Du Depp! Weißt du nicht, was eine Börse ist? Das weiß doch jedes Kind. Was für ein Trottel!‹

Da knirscht Jesus mit den Zähnen und spricht: ›Also schön, wer kann uns sagen, was eine Börse ist?‹

Und siehe, das Lachen verfliegt von den Gesichtern der neunundsechzig. Einer wagt eine Vermutung, eine Börse habe etwas mit Aktien zu tun.

Jesus schüttelt den Kopf und spricht: ›Also schön, wie viele wissen nicht, was eine Börse ist?‹

Alle siebzig erheben ihre Hände.

Jesus stößt einen kleinen Seufzer aus, lächelt vor sich hin und spricht: ›Na gut, setzt euch wieder hin. Ich fange noch einmal von vorne an...‹«

Freitag, 4. Februar

Was Gerald gestern gesagt hat, hat mich sehr aufgeheitert und inspiriert. Er hat absolut recht! Ich bin qualifiziert, für Gott zu sprechen, gerade weil ich nur ein ganz gewöhnlicher Nachfolger bin. Bilde mir ein, daß ich diese Tatsache jetzt mehr zu schätzen weiß als die meisten Leute. Ich brenne regelrecht für den Herrn! Kann es kaum erwarten, morgen zu einer Veranstaltung bei »Reginalds und Eileens Nachmittagstee-Club« in West Hammerton zu fahren, einem Dorf hier in der Nähe. Diese Leute haben mich eigens gebeten zu kommen. Sie freuen sich darauf, und ich werde ihnen nicht durch meine dummen Sorgen um mich selbst die Freude oder den Zugang zu geistlichen Dingen vermiesen.

Halleluja!

Samstag, 5. Februar

Kam um halb drei mit Gerald im Gemeindehaus in West Hammerton an, reichlich rechtzeitig für meinen Vortrag, der für drei Uhr angesetzt war. Ging in die Halle mit meinem schüchternen Ja-ich-bin's-Leute-aber-ich-bin-auch-nicht-anders-als-ihr-Ausdruck auf dem Gesicht. Hätte mir die Mühe sparen können. Es schien sowieso niemand zu merken, wer ich war.

Als wir eintraten, kam ein elegant gekleideter, ziemlich alter Mann mit steif militärischer, aber schon etwas unsicherer Haltung auf uns zu, der sich als Mr. B. Granger vorstellte, Sekretär von Reginalds und Eileens Nachmittagstee-Club. Sagte, die Person, die mich eingeladen habe, könne leider nicht kommen, weil sie inzwischen verstorben sei (eine erbärmlich lahme Ausrede, wie Gerald später bemerkte), so daß er eigentlich nicht so recht wisse, was hier eigentlich laufe.

Erschwerend komme hinzu, erklärte er mit seiner altersdumpfen, bellenden Stimme, daß ich die Alternative zu jemandem sei, der, soweit ich es verstehen konnte, nicht hatte an die Stelle eines

Mannes treten können, der nicht als Ersatz für eine Frau hatte kommen können, die abgesagt hatte, einen wunderbaren Menschen namens Mr. A. Whittle zu vertreten, der ein Experte über »West Hammerton in alter Zeit« war und dessen Erscheinen (nebst dem seiner Dias) eigentlich der allgemeine Wunsch gewesen wäre.

Ob ich auch Dias mitgebracht hätte?

Nein, weniger. – Oh.

Auf eine Frage von Gerald hin erklärte Mr. B. Granger, daß »Reginalds und Eileens Nachmittagstee-Club« seinen Namen der Tatsache verdanke, daß er vor vielen Jahren von zwei Leuten namens Reginald und Eileen ins Leben gerufen worden war, die inzwischen ebenfalls verstorben waren.

Gerald nickte verständnisvoll.

Die meisten der etwa zwanzig älteren Leute, die in Vierer- oder Fünfergruppen an den kleinen Tischen saßen, starrten mich an, als ich Mr. B. Granger zu der Stelle folgte, wo ein Mikrophon gestanden hätte, wenn sie eines besessen hätten.

Sie hassen mich, dachte ich, weil ich nicht Mr. A. Whittle bin und weil ich keine Dias habe.

Mr. B. Granger blickte verstohlen auf ein kleines Stück Papier, das er in der Handfläche verborgen hielt, und räusperte sich gebieterisch.

Er sagte: »Also, fangen wir an, meine Damen und Herren. Zuerst die Bekanntmachungen.« Pause. »Es gibt keine. Hat irgendein Mitglied vor der Vorstellung des Referenten etwas bekanntzugeben?«

Eine uralte, weißhaarige kleine Dame, von der Last der Jahre gebeugt, hebelte sich von ihrem Stuhl hoch und machte sich entschlossen auf den verschlungenen Weg nach vorne, von wo sie sich mit zittrig aggressiver Stimme an die Versammlung wandte.

»Ich wollte nur sagen, daß ich seit zwanzig Jahren alle sechs Club-Tischtücher mit nach Hause genommen und gewaschen habe und nicht bereit bin, das noch weiter zu tun. Es ist an der Zeit, daß mal jemand anderes an die Reihe kommt.«

»Worin genau besteht diese Aufgabe, Mrs. Lazenby?« erkundigte sich Mr. B. Granger in ernstem, dienstbeflissenem Tonfall.

»Man muß einmal im Jahr alle sechs Tischtücher mit nach Hause nehmen und waschen«, sagte Mrs. Lazenby ziemlich erwartungsgemäß. »Aber das mache ich jetzt schon seit zwanzig Jahren, und ich glaube, ich habe meinen Teil getan. Es ist an der Zeit, daß auch mal jemand anderes drankommt. Ich bin nicht bereit, es noch weiterhin zu tun. Ich habe es zwanzig Jahre lang gemacht, und ich glaube, das reicht. Nun kann jemand anderes –«

»Mrs. Lazenby hat es zwanzig Jahre lang gemacht«, unterbrach Mr. B. Granger, der offenbar merkte, daß die ständige Wiederholung dieser Beschwerde Mrs. Lazenby enorme Befriedigung verschaffte und daß sie vermutlich bis in alle Ewigkeit fortfahren würde, ihren Standpunkt deutlich zu machen, wenn niemand sie aufhielt, »und ich glaube, sie hat ihren Teil getan. Es ist an der Zeit, daß jemand anderes an die Reihe kommt, denn sie ist nicht bereit, es auch weiterhin zu tun.« Er räusperte sich noch einmal. »Ich möchte im Namen aller Mrs. Lazenby unseren Dank und unsere Anerkennung für die Arbeit ausdrücken, die sie während der letzten zwanzig Jahre bezüglich der Tischtücher auf sich genommen hat. Drücken wir ihr wie üblich unsere Wertschätzung aus, wenn sie sich nun von dem Posten zurückzieht, auf dem sie uns so großartige Dienste geleistet hat, und das seit –«

»Zwanzig Jahren«, ergänzte Mrs. Lazenby genußvoll, »und ich bin nicht bereit –«

»Vielleicht möchte sich nach dem Vortrag, wenn die Erfrischungen gereicht werden, eine Freiwillige – oder ein Freiwillig*er*« – Heiterkeit an den Tischen – »melden. Nochmals vielen Dank, Mrs. Lazenby, für Ihre unschätzbaren Bemühungen um unseren Club.«

Mrs. Lazenby trat, begleitet von unverhohlen lustlosem Applaus, widerstrebend, aber triumphierend den verschlungenen Rückweg zu ihrem Tisch an, wo sie sofort mit ihren zwei unmittelbaren Sitznachbarn eine heftig geflüsterte Diskussion über die Tatsache begann, daß sie es zwanzig Jahre lang gemacht habe und nicht bereit sei, es noch weiterhin zu tun...

»Schön«, hakte Mr. B. Granger die »Bekanntmachungen« auf seinem kleinen Zettel ab, »kommen wir zu unserem Referenten. Und wir schätzen uns in der Tat sehr glücklich, heute Mr. E. Bass hier begrüßen zu dürfen, einen sehr beliebten örtlichen Laienprediger.«

(Das einzig Zutreffende an dieser Vorstellung waren die Geographie und das Geschlecht, was, wie Gerald später bemerkte, nicht viel nützt, falls man kein reisender Gynäkologe ist.)

»Mr. Bass' Vortrag, dem wir alle mit... äh... mit großer Vorfreude entgegensehen, trägt den Titel« – ein kurzes Schielen auf den Zettel – »trägt den Titel ›Lesungen aus dem Tagebuch eines frohen Choristen‹ und wird uns bis zum Tee um fünfzehn Uhr fünfunddreißig beschäftigen. Es gibt keine Dias. Vielen Dank, Mr. Bass.«

Die einzige Person in jenem Raum, mich selbst eingeschlossen, der meine dialosen »Lesungen aus dem Tagebuch eines frohen Choristen« Spaß machten, war Gerald, der natürlich jeden Augenblick auskostete. Der Rest meines Publikums starrte mich entweder mit unverhohlener Verwirrung oder schwerhöriger Verständnislosigkeit an, während ich mich, die Oberlippe unangenehm an den Zähnen klebend, durch eine halbe Stunde völlig ungeeigneten Materials quälte, das nicht das leiseste Schimmern eines Lächelns hervorzurufen vermochte. Genausogut hätte ich versuchen können, Pflanzen mit Sand zu gießen.

Auch nicht gerade hilfreich war die Tatsache, daß ungefähr zehn Minuten vor dem Ende des Vortrags zwei Damen an unterschiedlichen Tischen sich wie durch Zauberei in exakt demselben Moment erhoben und in der Küche verschwanden, wo sie die nächsten zehn Minuten damit verbrachten, mit allem möglichen Zeug herumzuklappern und zu klirren und zu scheppern und sich dabei so laut zu unterhalten, daß sie einander über ihr eigenes Geklapper und Geklirr und Geschepper hinweg verstehen konnten.

War hinterher total ausgelaugt. Als Mr. B. Granger dazu einlud, Fragen zu stellen, meldete sich nur ein Zuhörer.

War ich bekannt mit Mr. A. Whittle, der einen Vortrag mit höchst interessanten Dias aus dem alten West Hammerton hielt? Nein, leider war ich nicht bekannt mit Mr. A. Whittle, der einen Vortrag mit höchst interessanten Dias aus dem alten West Hammerton hielt.

Diese Information schien jedem weiteren Interesse den Garaus zu machen. Verspürte den starken Wunsch, Mr. A. Whittle den Garaus zu machen und ihn mitsamt seinen Dias zu Reginald und Eileen zu befördern.

Hatte meinen Tee dringend nötig. Gerald kam mit den alten Leuten prächtig zurecht. Brachte sie zum Lachen und verwickelte sie in lockere Plaudereien. Wünschte, er hätte den Vortrag gehalten. Ich will nie wieder einen halten – niemals.

Die Versammlung endete mit dem Absingen des Clubliedes, angeleitet von einem Klavier in der Ecke, dessen Tastatur ebenso lükkenhaft zu sein schien wie das Gebiß des alten Herrn, der es mit zittriger Großtuerei bearbeitete. Der Text des Liedes, das mit großer Inbrunst zweimal gesungen wurde, lautete folgendermaßen:

> Reginald und Eileen sind nicht mehr unter uns,
> denn hingerafft hat sie der Tod vor langer Zeit,
> doch tut's uns auch weh, wir treffen uns zum Tee,
> und alle Welt ist Zeuge uns'rer Fröhlichkeit.

Gerald fuhr uns nach Hause. Ich saß jämmerlich da, mein im voraus geschriebenes Dankeskärtchen (»Wir alle wissen die neuen Einsichten in die Arbeit unserer Chöre, die Sie uns heute nachmittag vermittelt haben, sehr zu schätzen«) und meinen Fünf-Pfund-Schein in der Hand umklammert, und fragte mich, wie ich es anstellen konnte, alle weiteren Termine abzusagen. Auf dem ganzen Heimweg produzierte Gerald, der immer noch das Bedürfnis hat, jeden Witz bis zur bitteren Neige auszuweiden, deprimierend akkurate Imitationen von Mr. B. Granger, wie er sagte: »Mr. E. Bass, ein sehr beliebter örtlicher Laienprediger, dessen Vortrag den Titel ›Lesungen aus dem Tagebuch eines frohen Choristen‹ trägt.«

Anne und Thynn, der auf eine Tasse Tee vorbeigekommen war, lachten Tränen, als Gerald ihnen von meinem alptraumhaften Erlebnis erzählte.

Vielleicht sollte meine Unterstützergruppe aus chronisch Depressiven bestehen; dann könnten die wenigstens zweimal im Monat auf meine Kosten herzhaft lachen.

Der arme alte Leonard ist immer noch etwas angeschlagen seit dem Tod seiner Mutter. Doch wie er heute abend sagte, kann sie jetzt unter all den himmlischen Wesen wenigstens verstehen, was die anderen sagen. Was Leonard gegen Ende ihres Lebens zur Raserei brachte, war, daß sie sich weigerte, ein Hörgerät zu tragen, weil sie ihrer Meinung nach nicht schwerhörig war, sondern nur nicht verstehen konnte, was die Leute sagten.

Wir bekommen L. T. zur Zeit ziemlich häufig zu sehen.

Sonntag, 6. Februar

Habe heute in der Gemeinde ein paar Worte mit Gott gewechselt. Bat ihn um irgend etwas, das mir hilft, die ganze Sache mit den Vorträgen wieder positiver zu sehen. Ich scheine viel zu leicht das Selbstvertrauen zu verlieren.

Als ich mit den anderen herauskam, blickte ich auf und sah eine Wolke, die genau wie Südamerika aussah. Fragte mich, ob das vielleicht »das Zeichen« wäre. Wies Richard Cook auf die Wolke hin.

Ich sagte: »Siehst du die Wolke dort, die genau wie Südamerika aussieht? Meinst du, das könnte ein Zeichen sein?«

Er sagte: »Ja, könnte sein, nur ist das nicht Südamerika. Sie hat genau die gleiche Form wie Italien. Das ist erstaunlich! Gott ruft dich nach Italien.«

Dachte mir, ich höre lieber mal, was die anderen denken.

Gerald meinte, seiner Ansicht nach sei es der indische Subkontinent.

Anne (die besonders den Westen Englands liebt) sagte, es sei ganz bestimmt die Lizard-Halbinsel in Cornwall.

George Farmer wußte, daß es nur Grönland sein könnte, was, wie er sagte, eine Bestätigung für das sei, was er schon seit jeher über mich dachte.

Thynn sagte, es sei eine Karotte, und vertrat die Ansicht, ich sei berufen, denen zu dienen, die mit Wurzelgemüse arbeiten.

Kam schließlich zu dem Schluß, daß die Wolke doch nicht das Zeichen war, nach dem ich Ausschau hielt, es sei denn, Gott erwartet von mir, daß ich den größten Teil unseres Planeten bekehre, nicht zu vergessen diejenigen, die mit Wurzelgemüse arbeiten. Ich meine, Gott hat die Welt erschaffen, oder nicht? Dann müßte er doch auch in der Lage sein, ein Stück davon akkurat zu zeichnen, wenn er will.

Montag, 7. Februar

Die Wolken haben sich geteilt! Wenn ich auch sagen muß, daß es reichlich lange gedauert hat...

Erwachte in finsterer Stimmung.

Gerald, der sich bereit erklärt hat, als mein unbezahlter Teilzeitsekretär zu agieren, solange er zu Hause ist, überreichte mir heute morgen den folgenden Brief. Er sei mit der ersten Post gekommen, sagte er. War ziemlich aufgeregt, als ich zu lesen begann. Darin stand folgendes:

Sehr geehrter Mr. Plass,
Grüße im Namen dessen, der uns bevollmächtigt.

Hiermit setzen wir Sie davon in Kenntnis, daß das betende Nachdenken unseres Gemeindevorstandes Sie als Gottes auserwählten Gastredner zum Anlaß unserer diesjährigen Herbst-Familien-Gemeindefreizeit offenbart hat. Ihre Botschaft wird am Freitag, dem achten September, um neunzehn Uhr dreiunddreißig ausgerichtet werden und sollte *nicht länger* als siebenundzwanzig Minuten sein, einschließlich einer abschließenden fünfminütigen Zeit, in der sich Zeichen (bitte ohne Ruhen im Geist und langwierige individuelle Dienste) an und unter der Versammlung manifestieren können. Ihr Vortrag muß sich auf angemessene biblische Bezüge stützen (bitte anhand der Revidierten Urtextgetreuen Umgangssprachlichen Dogmatisch Unverfänglichen Übersetzung der Heiligen Schrift) und sollte sich in drei leicht verständliche Abschnitte teilen, deren Überschriften mit demselben Buchstaben beginnen.

Humor in begrenztem Umfang (bitte mit Zurückhaltung) ist zu Beginn zulässig, um zu demonstrieren, daß Christen auch Sinn für Spaß haben, sollte jedoch bald einer ermahnenden und belehrenden Redeweise weichen, die in einem beherrschten, dabei jedoch auch bewegend leidenschaftlichen Appell zur Veränderung des Lebens gipfelt, etwa um die Zwanzig-Minuten-Marke. Bitte betonen Sie, daß solche Veränderungen sich innerhalb eines konfessionellen Bezugsrahmens vollziehen sollten. In der Vergangenheit haben einige Referenten bedauerlicherweise gewissermaßen alle Zäune niedergerissen, so daß einzelne Mitglieder unserer Gemeinde auf Abwege gerieten und zu neuen geistlichen Weiden abwandern konnten. In diesem Zusammenhang möchten wir Sie bitten, die gottgegebene Autorität unserer Gemeindeältesten zu betonen, sowie die Tatsache, daß Ihre Aufgabe einfach darin besteht, die anwesenden Gemeindeglieder in ihre Richtung zu weisen.

Bitte fordern Sie *nicht* zu Fragen auf, da diese unweigerlich den Zeitplan durcheinanderbringen und oft eine verwirrende Wirkung auf jene haben, die noch nicht fest auf unser Verständnis und unsere Auslegung des Wortes gegründet sind.

Wir möchten Sie bitten, über das Thema »DEM GEIST RAUM GEBEN« zu sprechen. Bitte fühlen Sie sich (innerhalb der oben genannten Richtlinien) frei, der Führung des Herrn in der Verkündigung seines Wortes zu folgen, wie es Ihnen aufgetan wird.

Bitte informieren Sie uns über das Honorar, das Sie voraussichtlich dafür verlangen werden, bei diesem Anlaß das Werk des Herrn zu tun, wobei Sie bitte bedenken wollen, daß wir, abgesehen davon, daß wir bereits schwer verschuldet sind, während wir auf die Bestätigung warten, daß gewisse Glaubensunternehmungen wirklich von Gott sind, wahrscheinlich am Ende der Veranstaltung zahlungsunfähig sein werden und daß alles überzählige Geld ohnehin im allgemeinen fortgegeben wird, um das Leiden kranker und hungernder Kinder zu lindern, um die sich niemand kümmert und die in den von Armut geschlagenen Teilen der Welt einsam in der Gosse dahinvegetieren.

Ihre Fahrtkosten werden wir selbstverständlich übernehmen. Wir beabsichtigen, bei der Überlandbus-Gesellschaft einen Fahrschein zu erwerben und Ihnen zuzusenden, deren Fahrplan eine ideale Verbindung ausweist, Abfahrt von Ihrem Wohnort um fünf Uhr dreißig morgens am fraglichen Freitag, voraussichtliche Ankunft um achtzehn Uhr dreißig in einer Ortschaft, die zwei Meilen vom Veranstaltungsort entfernt liegt. Der letzte Abschnitt Ihrer Reise könnte in Form eines forschen Spazierganges vor sich gehen (nicht unakzeptabel nach einer Tagesreise im Bus, wie ich zuversichtlich annehme), oder, falls Sie sich dazu entschließen sollten, glaube ich, daß in der Ortsmitte auch Taxis zur Verfügung stehen. Freilich vermute ich, daß es Ihnen widerstreben dürfte, einen so großen Anteil Ihres Honorars dafür aufzuwenden.

Sollten sich größere Schwierigkeiten ergeben, und nur wenn *unbedingt nötig*, können Sie uns natürlich am Veranstaltungsort telefonisch erreichen, aber ich möchte Sie darauf hinweisen, daß sich dort nur ein Telefon befindet, und zwar im hintersten Winkel eines ausgedehnten und durch zahlreiche Schlösser gründlich abgesicherten Kellersystems unter einem ganz anderen Gebäude als dem, das wir benutzen werden, und daß der Verwalter des Zentrums, der sich bereits im fortgeschrittenen Alter befindet, unter Arthritis leidet und Sonderwünschen nicht sehr zugänglich ist, keinen telefonischen Zugang zu Besuchern erlaubt. Sicherlich verstehen Sie, daß wir seinen guten Willen in dieser Hinsicht nicht überstrapazieren wollen. Wenn Sie sich zu dem Fußmarsch entschließen (und die Entscheidung liegt ganz bei Ihnen), sollten Sie spätestens um neunzehn Uhr bei uns sein, so daß Ihnen noch eine gute halbe Stunde Zeit bleibt, um das Zentrum zu erkunden, sich ein oder zwei Minuten auszuruhen, Ihr Abendessen einzunehmen, das June Salmons in eine Schüssel gießen und aufbewahren wird, um es Ihnen aufzuwärmen, ein paar von den Leuten zu begrüßen, zu denen Sie sprechen werden, ein Kennenlern-Spiel zu beaufsichtigen, ein kurzes Wort an die Kindergruppe zu richten, deren Veranstaltung kurz vor der unsrigen beginnt und sich den Ältesten zu einer Zeit der Unterweisung und des Gebets anzuschließen, bevor Sie mit Ihrem Vortrag beginnen.

Ich schätze, daß bei der Veranstaltung etwa dreihundert Personen anwesend sein werden. Der Saal, den wir benutzen, war früher ein Arm eines alten Klosterganges und ist, wenngleich sehr lang, doch auch sehr schmal. Wie Sie sich vorstellen können, ist es eine anregende Herausforderung für einen Redner, mit einem Publikum aus fünfundsiebzig Viererreihen zu kommunizieren, insbesondere, wenn, wie es hier der Fall ist, kein Lautsprechersystem zur Verfügung steht. Bitte sprechen Sie laut und deutlich, da die meisten unserer älteren Freunde gerne hinten sitzen, um leichter hinauszukommen, wenn sie sich langweilen oder die sanitären Einrichtungen aufsuchen müssen.

Nach der Versammlung sind Sie herzlich eingeladen, noch zu bleiben und sich mit den Leuten zu unterhalten, solange Sie es wünschen, wenn wir auch vollstes Verständnis dafür haben, daß Sie rechtzeitig in die Stadt zurückkehren müssen, um den Bus für Ihre Heimreise zu erreichen, der um einundzwanzig Uhr dreißig abfährt. Falls Sie schweres Gepäck zurück in die Stadt zu tragen haben, sagen Sie nur den Ältesten Bescheid, die Ihnen gern ihre Dienste zu sehr günstigen Preisen anbieten werden.

Vielleicht sollte ich am Rande noch erwähnen, daß auch die Möglichkeit einer Übernachtung im Konferenzzentrum besteht, und für den Fall, daß Sie sich dazu entschließen wollen, lege ich Ihnen gerne die gültige Preisliste bei. Der Gruppenrabatt, den die Mitglieder unserer Gemeinde genießen, würde Ihnen, fürchte ich, *nicht* zugute kommen, und ich muß auch betonen, daß Ihre Rückfahrkarte, falls Sie als zahlender Gast bleiben, ihre Gültigkeit verlieren wird, so daß Sie für eine alternative und möglicherweise sehr kostspielige Rückreisemöglichkeit für den folgenden Tag sorgen müßten. Das Letzte, das wir wollen, ist, daß Sie am Ende mit leeren Taschen dastehen und sich ausgenutzt fühlen. Das wäre nicht sehr christlich, nicht wahr?

Bitte bestätigen Sie uns so bald wie möglich Ihre Verfügbarkeit für diese Veranstaltung und Ihre Zustimmung zu den oben ausgeführten Punkten.

Ihr

Dennis Floom
(Für die Gemeinschaft des offenen Herzens)

P. S.: Bitte legen Sie Ihrer Antwort einen frankierten und adressierten Rückumschlag für die Zusendung Ihrer Busfahrscheine bei.

Gerald muß mich für schrecklich naiv halten. Merkte, daß der Brief nicht echt war, sobald ich mir die Worte auf dem Papier näher ansah und die Schrift von Geralds Maschine erkannte. Wollte gerade anmerken, daß ich Witze über Einladungen zu Vorträgen im Moment nicht besonders witzig finde, als er mir einen anderen Brief übergab, der mir von meinem Verlag zugeleitet worden war.

Ich traute meinen Augen nicht!

Der Brief kam aus einem Ort namens Bongalinga Creek in Westaustralien und setzte mich davon in Kenntnis, daß die Gemeinden von Bongalinga Creek eine Inszenierung der »Theatralischen Tonbänder des Leonard Thynn« planten, eines Buches, das ich vor einigen Jahren geschrieben habe und das vom Einstudieren eines Stükkes für ein lokales Theaterfest handelt. Man entschuldigte sich für die kurzfristige Benachrichtigung, aber aufgrund einer erst ganz kürzlich eingegangenen, zweckbestimmten, anonymen Spende sei man in der Lage, mich und Leonard einzuladen, NACH AUSTRALIEN ZU KOMMEN und der Vorstellung am vierundzwanzigsten März dieses Jahres beizuwohnen, und ALLE KOSTEN WÜRDEN ÜBERNOMMEN. Falls ich Lust hätte, auf ein paar Veranstaltungen zu sprechen, wenn ich schon da wäre, könne man vermutlich AUCH FÜR ANNE DIE REISE BEZAHLEN.

Konnte vor Aufregung kaum sprechen. Mußte erst grundlos den ganzen Weg bis hinauf zum Dachboden und zurück rennen, bis sich all die hüpfenden Sprungfedern in meinem Innern wieder beruhigten. Gerald sagt, wenn etwas daraus wird, will er mitkommen und seine Reise selbst bezahlen. Konnte gar nicht erwarten, es Anne zu erzählen, als sie mittags nach Hause kam. Hatte schreckliche Angst, ihr würde irgendeine blöde Hochzeit oder Beerdigung einfallen, an der die Reise scheitern würde. Die Sorge hätte ich mir sparen können. Sie sagte, das einzige, was mich daran hätte hindern können zu fahren, wäre gewesen, wenn sie nicht hätte mitkommen können. Alle drei vollführten wir einen kleinen Tanz durch die Küche. Ist das aufregend!

Ich bin ein internationaler Redner, und ich fliege nach Australien!
Ich fliege nach Australien, und ich bin ein internationaler Redner!
Nach Australien fliege ich in der Rolle eines internationalen Redners!
Ich halte Vorträge in Australien auf internationaler Basis!

Internationaler Vortragsdienst ist die Basis, auf der ich nach Australien fliege!

Rief heute abend Leonard an. Erzählte ihm, daß wir nach Australien fliegen und daß er Ehrengast bei der Aufführung in Bongalinga Creek sein wird.

»Großartig!« sagte er. »Muß ich dafür Übernachtungszeug einpacken?«

Dienstag, 8. Februar

Den ganzen Tag über bester Laune.

Heute abend ein Anruf von Pastor Spool, dem Pfarrer der St.-Dermot's-Kirche am anderen Ende der Stadt.

Er sagte: »Ah, Mr. Plass, darf ich Ihnen sagen –«

»Nennen Sie mich Adrian.«

So sind wir internationalen Redner nun einmal.

»Nun, das ist sehr freundlich, bitte fühlen Sie sich frei, mich mit Vladimir anzureden.«

»Vladimir?«

»Vladimir, ja, richtig. Nun, Adrian, ich rufe an, um zu fragen, ob Sie vielleicht freundlicherweise die Möglichkeit in Betracht ziehen könnten, uns hier in St. Dermot's am Sonntag, dem dreizehnten März, mit einem Besuch zu beehren. Mir ist natürlich klar, daß jemand, der so bekannt ist wie Sie, ohnehin schon einen ziemlich vollen Terminkalender hat, aber ich dachte mir...«

Tat so, als blätterte ich durch einen Kalender voller Auslandsreisen, und erwiderte: »Schauen wir mal. Ja, die Australienreise ist erst später in dem Monat, das wäre also kein Problem...«

»Australien – meine Güte, was für eine Anhängerschaft Sie haben müssen, Adrian. Ich nehme an, Sie reisen durch die ganze Welt, was?«

»Nun...«, lachte leichthin, als wollte ich es nicht zu sehr aufbauschen, »so würde ich das nicht ausdrücken.«

»Sie würden es nicht so ausdrücken! Aber ich bin ganz sicher, daß es wahr ist!«

»Oh nein...«

»Sie meinen also, Sie könnten uns am dreizehnten noch hineinquetschen? Unsere Gemeinde wäre sehr begeistert, wenn das möglich wäre.«

»Ja, ich glaube, da kann ich Ihnen helfen, äh, Vladimir. Ich trage es mir gleich in den Kalender ein. Es handelt sich vermutlich um den Vormittagsgottesdienst, nicht wahr?«

»Genau!« sagte Pastor Spool, der alles, was ich sagte, erstaunlich intelligent zu finden schien. »Der Vormittagsgottesdienst, völlig richtig – ganz genau! Ich bin Ihnen wirklich *äußerst* dankbar, und Sie müssen uns Ihr normales Honorar für einen solchen Anlaß wissen lassen. Darauf muß ich bestehen.«

»Oh, das ist überhaupt kein Problem. Übrigens, Vladimir, ich frage mich – Ihr Vorname klingt irgendwie, äh ...«

»Tja nun, ja, nein, wissen Sie, ja, Sie haben völlig recht, das ist wirklich ein ungewöhnlicher Vorname für einen britischen, anglikanischen Geistlichen, aber die schlichte Wahrheit ist die, daß meine arme, liebe Mutter als junges, leicht zu beeindruckendes Mädchen mit einem Wodkalieferanten durchging, und das Ergebnis, ob Sie es glauben oder nicht, war ich.«

»Oh.«

»Nun, nochmals herzlichen Dank.«

»Keine Ursache. Dann sehen wir uns also am dreizehnten März um – zehn Uhr?«

»Zehn Uhr, Volltreffer! Bis dann, und nochmals vielen Dank, daß Sie bereit sind, unsere Kinderandacht zu übernehmen. Auf Wiedersehen.«

Hatte schon aufgelegt, als Spools letzte Worte bei mir einrasteten.

Eine Kinderandacht?

Ach was, wenn ich durch die ganze Welt reisen und Vorträge halten kann, dann werde ich doch mit ein paar Kindern keine Schwierigkeiten haben, oder?

Mittwoch, 9. Februar
(VOR DEM ABENDESSEN)
Verbrachte heute auf der Arbeit viel Zeit damit, über meinen Dienst im allgemeinen und unsere Auslandsreise im besonderen nachzudenken. Würde gern den Leuten mit der Gabe der Heilung dienen. Es muß wunderbar sein, einen echten Heilungsdienst zu tun. Natürlich will ich mich nicht beklagen über das, was ich tue. Nur – nun ja, es muß einfach wunderbar sein.

Verstrickte mich völlig in eine meiner besonders angenehmen Lieblingsphantasien. Es ist ein wunderbarer Tagtraum.

In einen eleganten Anzug gekleidet, gehe ich langsam durch den Mittelgang eines riesigen, brechend vollen Saales, während hinter mir auf der Bühne eine Band leise spielt. Sehnsüchtige, flehende Augen versuchen meinen Blick aufzufangen, während ich vorbeigehe. Arme strecken sich mir beschwörend entgegen, in der verzweifelten Hoffnung, daß vielleicht schon die Berührung meines Jacketts an den Fingern des Leidenden Heilung bringen könnte. Schließlich stehe ich vor einem kleinen Mädchen im Rollstuhl. Sie zwingt ein Lächeln auf ihr gebrochenes, hübsches kleines Gesicht, als sie die Aura geistlicher Vollmacht spürt, die mich umgibt. Meine Augen füllen sich mit Tränen des Mitgefühls, als ich meine Hand auf die dünne, verkümmerte Schulter dieses kleinen Opfers des Sündenfalls legte. »Was möchtest du von mir?« frage ich mit tiefer, kosmisch widerhallender Stimme (etwa wie die in der Bierreklame). *»Ich möchte laufen können«, flüstert sie. »Und das sollst du auch«, antworte ich. »Und das sollst du auch. Im Namen Jesu – sei geheilt!« Langsam, dramatisch stemmt sie sich empor auf die Beine; in ihren schmerzerfüllten Augen leuchtet eine neue, strahlende Hoffnung auf, und dann plötzlich rennt sie los, rennt und rennt den ganzen Mittelgang entlang und hinauf auf die Bühne. Auf die ersten erstaunten Ausrufe folgt lauter, anhaltender Applaus, als ich ihr ins Scheinwerferlicht folge, nur um mich mit einem Gesichtsausdruck, in dem sich Erschöpfung, Freude und Schmerz mischen, bescheiden abzuwenden, der Dunkelheit der Seitenkulissen entgegen. Denn niemand errät die ungeheure persönliche Anstrengung –*

»Hast du mal ein Taschentuch?«

Manchmal hasse ich das wirkliche Leben. Stellen Sie sich vor, aus einem riesigen Saal voller anhimmelnder, mit tragischen Nöten beladener Menschen und einem kranken Kind in einem Rollstuhl zurückkehren zu müssen – zu Everett Glander mit seiner Erkältung. Besonders, zumal ich nur noch ein Taschentuch hatte und mir damit gerade die Tränen abtrocknen wollte, nachdem mich der Gedanke an meinen großartigen Heilungsdienst zutiefst bewegt hatte. War wirklich ärgerlich, mein letztes Papiertaschentuch an jemanden abgeben zu müssen, der sich so hartnäckig weigert, sich zu bekehren. Glander ist zwar zu ein paar Gemeindeveranstaltungen mitgekommen, seit er vor ein paar Jahren auf unserer Party Frank Braddock kennengelernt hat, aber bei ihm scheint nichts so recht zu wirken. Wenn ich nicht wüßte, daß Gott vollkommen ist, würde ich sagen, daß er bei Glander ein paar vorzügliche Gelegenheiten verpaßt hat. Frage mich, ob er wohl anders wäre, wenn er erlöst wäre. Hoffentlich. Im Moment beweist er großes Talent darin, genau das zu sagen, was man im Moment partout nicht hören will. Das tat er auch heute, nachdem ich ihm mein letztes Taschentuch gegeben hatte.

»Warum bittest du nicht Gott, meine Erkältung wegzunehmen – oder steht mir das aus irgendeinem Grund nicht zu? Oder hat etwa *er* auch noch kein Mittel gegen die gewöhnliche Erkältung gefunden? Oder ist es –«

»Everett, wenn Gott deine Erkältung heilen wollte, könnte er es einfach so tun.«

Schnippte mit den Fingern und wandte mich mit einer Geste, die »Ende des Gesprächs« signalisierte, wieder meiner Arbeit zu.

»Nun, warum sollte Gott denn meine Erkältung *nicht* heilen wollen, alter Junge?«

Sah ihn an. Weil, dachte ich im stillen, er dich wahrscheinlich ebenso unangenehm und widerlich findet wie ich und ein Wunder dich endlich dazu veranlassen könnte, jeden Sonntag in die Gemeinde zu kommen, und dann müßte ich dich sechs Tage in der Woche ertragen anstatt nur fünf. Falls es uns nicht gelingt, natürlich, eine kleine Denomination extra für Leute wie dich zu gründen, genannt die Siebenten-Tags-Everett-Glanderiten, bei denen die Gemeindeglieder während des Gottesdienstes ihre Klagen erheben anstatt ihre Arme.

Laut sagte ich: »Weil sein Wille souverän ist und er allwissend ist. Wahrscheinlich ist es für dich besser, eine Erkältung zu haben, als keine Erkältung zu haben, auch wenn es für uns schwer zu verstehen ist.«

Glander sagte: »Warum ist deine Stimme auf einmal so hoch, Adrian? Stimmt etwas nicht mit deinem Hals?«

Murmelte tonlos: »Gleich wird etwas mit deinem nicht stimmen, wenn ich ihn zu fassen kriege.«

»Also, was du meinst«, nervte Glander mich weiter, »ist das gute alte ›Leben-im-Mysterium‹-Syndrom richtig?«

»Nun, ganz so würde ich es nicht ausdrücken, aber –«

»Also schön, mein Alter, dann nenne mir doch mal ein Beispiel für einen möglichen Grund, warum es für mich besser sein könnte, weiterhin eine Erkältung zu haben, als geheilt zu werden. Einer reicht schon.«

Er lehnte sich zurück, kaute auf seinem Bleistift und grinste, daß es mich zum Schäumen brachte. Zermarterte mir das Gehirn nach irgendeiner überzeugenden Antwort. Versuchte so auszusehen, als ob ich in aller Ruhe eine von vielen möglichen Antworten auswählte, die mir vor Augen standen.

Ich sagte: »Nun, äh, zum Beispiel könntest du vielleicht heute abend auf dem Heimweg die Straße entlang gehen –«

»Ich steige immer direkt vor der Tür in den Bus, alter Junge.«

»Na gut, dann steigst du eben heute abend in den Bus und setzt dich zufällig neben einen internationalen Experten in der medizinischen Forschung, der –«

»Davon dürfte es auf dem Oberdeck der Linie 39 Richtung Grey Prospect Road nicht allzu viele geben, meiner bescheidenen Ansicht nach.«

Knirschte mit den Zähnen. »Nun, dieser hier ist ein mittelloser, aber sehr intelligenter Forscher, der kurz davor steht, ein – du weißt schon, was du vorhin sagtest – ein Mittel gegen die gewöhnliche Erkältung zu finden, und er sieht dich an, wie du neben ihm vor dich hin schniefst, und plötzlich kommt ihm die Erleuchtung. Plötzlich ist das Puzzle vollständig, und er kommt nach Hause und schreibt alles auf, und binnen kurzem werden Millionen Menschen von ihrer Erkältung geheilt, und alles nur, weil Gott dich nicht in dem Moment geheilt hat, als du dachtest, es wäre jetzt an der Zeit.«

War recht zufrieden mit mir.

»Schon, aber wenn er wollte«, beharrte Glander, wobei er mich an einen jener Preßlufthämmer erinnerte, die mit ihrem wahnwitzigen Knattern ausgerechnet den Schluß einer Fernsehsendung übertönen, die man unbedingt hören will, »könnte er diese Millionen Menschen auch so heilen. Oder habe ich alles falsch verstanden?«

»Nein – ich meine, ja, könnte er.«

»Und warum tut er es nicht?«

»Nun, weil, äh... Er heilt sie nicht, weil...«

Schrie im stillen zu Gott:

JA, WARUM *HEILST* DU SIE DENN NICHT, LIEBE GÜTE? WENN GLANDER ES AUF DIE REIHE KRIEGT, WARUM DANN NICHT DU?

Glander sagte: »Paß auf – nur für den Fall, daß sich herausstellt, daß heute abend kein Experte in der medizinischen Forschung im Bus neben mir sitzen und meine Inspiration brauchen sollte, wie wäre es, wenn du jetzt dafür beten würdest, daß meine Erkältung verschwindet?«

»Jetzt?«

»Jetzt.«

Irgendwie brachte ich ein elendiglich genuscheltes Gebet zustande, aber ich hatte nicht den leisesten Glauben, daß es erhört werden würde. Außerdem hatte ich, wenn ich ehrlich bin, nicht das leiseste Interesse daran, daß es Everetts nasalen Atemwegen besser ging. Ein Teil von mir hoffte sogar, daß sich bei ihm irgendwelche Komplikationen einstellten und er sterben würde. Bei mir scheint das Christentum überhaupt nicht zu funktionieren, wenn ich in seiner Nähe bin. Den Rest des Vormittags über schniefte er laut und demonstrativ vor sich hin, und in der Mittagspause ging er hinüber zur Drogerie und kam mit einer Packung Taschentücher zurück. Erstattete mir mein *eines* Taschentuch demonstrativ zurück.

Vielen Dank, Gott – für nichts!

Er hätte mich ja auch mal unterstützen können, oder? Hege die leise Hoffnung, daß es ausgeht wie in einem dieser christlichen Taschenbücher, indem Everett mich später anruft, um mir zu sagen, daß er geheilt ist, und wir uns schluchzend in die Arme fallen...

SPÄTER
20 UHR (NACH DEM ABENDESSEN)
Gerade rief Anne nach mir und sagte, Everett sei am Telefon. Raste ziemlich aufgeregt hinaus in die Diele.

»Ich rufe nur an, um dir zu sagen«, sagte Everett, »daß ein gewaltiges Wunder geschehen ist.«

»Du meinst, deine Erkältung...?«

»Richtig. Meine Erkältung hat sich nicht im geringsten gebessert. Also wird es vermutlich nicht lange dauern, bis die Zeitungen voll von diesem wunderbaren neuen Heilmittel sind, von dem du gesprochen hast.«

»Everett, du *weißt* doch, daß das nur ein Bei-«

»Allerdings muß ich sagen, Adrian, daß sich in der medizinischen Forschung heutzutage wirklich seltsame Typen als Experten tummeln. Die neben mir heute abend im Bus war eine Karikatur einer unglaublich dicken Frau mit Charlie-Chaplin-Schnurrbart, die zufällig nur ein paar Häuser weit entfernt von mir wohnt, und ich muß ehrlicherweise sagen, daß sie für jemanden, der gerade dabei ist, das medizinische Problem des Jahrhunderts zu knacken, nicht sehr begeistert von meiner Erkältung zu sein schien, alter Junge. Sogar ganz im Gegenteil. Aber wie auch immer. Bis morgen – das heißt, falls ich mich nicht krank melde.«

Ging völlig deprimiert zu Bett.

Donnerstag, 10. Februar
Erzählte heute morgen beim Frühstück Anne und Gerald von Glander. Ich sagte: »Warum konnte Gott ihm nicht einfach das Maul stopfen und seine dämliche Erkältung heilen? Jetzt muß ich mir den ganzen Tag seine blöden Sprüche anhören.«

Anne erwiderte: »Es ist wirklich schade, daß du soviel Mitgefühl an ihn verschwendest, Schatz. Man sollte erwarten, daß all die Wärme und Liebe und echte Anteilnahme und das Wohlwollen, die du ihm entgegenbringst, ihm gar keine andere Wahl lassen würden, als geheilt zu sein. In Zukunft solltest du dir nicht die Mühe machen, all diese positive Energie an Leute zu verschwenden, die du jeden Tag siehst. Spar sie dir lieber für die Leute auf deinen Versammlungen auf. Meinst du nicht auch, Gerald?«

Konnte mich des Gefühls nicht erwehren, daß Anne ziemlich übertrieb.

Gerald reichte mir einen Briefumschlag, auf dessen Rückseite etwas geschrieben stand. Er sagte: »Du hast völlig recht, Mama, und ich habe hier ein kleines Gedicht für Mr. E. Bass geschrieben, den beliebten Laienprediger und Verfasser des ›Frohen Choristen‹. Er kann es bei seiner nächsten Versammlung vorlesen.«

Las das Gedicht laut vor.

»Hilf mir, denn dies ist mein Entschluß, o Herr,
daß ich zu denen, die sich täglich mit mir quälen,
dereinstmals durch ein Wunder deiner Gnade
genauso freundlich bin wie vor den vollen Sälen.«

Jaja, schon gut, schon gut...

Fuhr zur Arbeit mit dem Wissen, daß ich Glander, falls ich seinen Sarkasmus noch einen weiteren Tag lang ertragen mußte, wie falsch meine Einstellung auch gewesen sein mochte, wirklich etwas verpassen würde, wovon er sich heilen lassen könnte. Glücklicherweise hatte er sich heute krank gemeldet, so daß es nicht dazu kam.

Preis dem Herrn!

Mußte trotzdem den ganzen Tag über Heilung nachdenken. Als ich nach Hause kam, bat ich Gerald, mir ernsthaft zu sagen, wie er über die ganze Sache dachte.

»Papa«, sagte er, »ich habe eine Weile darüber nachgedacht, und mir scheint, daß viele Leute, wenn es um Dinge wie Heilung geht, die Bibel gerne umschreiben, damit sie in ihr Konzept paßt. Besonders die Dinge, die Jesus gesagt und getan hat. Mir ist schleierhaft, wie manche Leute das, was sie tun, mit dem vereinbaren können, was sie in den Evangelien lesen. Es gibt so eine Art religiöser Sturheit, die nicht zulassen will, daß die Direktheit im Handeln Jesu zu einem Faktor in der Gleichung des täglichen Lebens wird. Ich denke, dahinter steckt wohl die Angst vor dem kosmischen Schock, den man erleidet, wenn man die Augen aufmacht und sich voll der Tatsache stellt, daß Gott wirklich Mensch geworden ist.«

Völlig verdattert von dieser Rede. Erstaunlich! Ist das wirklich derselbe Gerald, der sich vor nicht allzu langer Zeit in der Diele von hinten an mich heranschlich, mir ein rohes Ei in die Anorakkapuze legte, als ich gerade bei Regen hinausgehen wollte, und sich dann kaputt lachte, als ich zurückkam, und sagte, irgendein Riesenvogel müsse das Ei aus großer Höhe auf meinen Kopf fallengelassen haben, als ich gerade die Kapuze aufsetzte? Ich hoffe, er wird nicht *zu* ernsthaft.

Später gab mir Gerald noch einen dieser Texte, die er am Computer zusammenbastelt. Er sagte: »Sieh dir mal diesen Abschnitt aus dem Pseudo-Lukas an, Paps. So etwas habe ich gemeint, als ich sagte, daß manche Leute die Bibel umschreiben. So muß es gewesen sein, wenn manche Christen, die ich kenne, recht haben sollten.«

Folgendes hatte Gerald geschrieben:

»Ein Mann mit Aussatz kommt zu ihm und spricht: ›Herr, wenn du willst, kannst du mich rein machen.‹ Und Jesus streckt seine Hand aus und berührt den Mann. ›Ich will‹, spricht er. ›Sei rein!‹

Und siehe, Jesus schlendert voll Freude von dannen, doch der Aussätzige ruft ihm mit lauter Stimme nach und spricht: ›Äh, Entschuldigung, vielleicht ist es dir entgangen, aber ich bin immer noch aussätzig. Ein kleines Detail, aber für mich nicht ganz unwesentlich.‹

Und Jesus zischt voll Verärgerung durch die Zähne und erwidert: ›Weißt du nicht, daß ich ganzheitliche Heilung bevorzuge? Wahrlich, wahrlich, du mußt ganz schön naiv sein, wenn du wähnst, die Heilung betreffe allein den Leib. Wandelst du etwa nicht auf dem neuesten Stand der einschlägigen Literatur?‹

Der Mann spricht: ›Ich weiß nur, daß ich vor fünf Minuten noch aussätzig war, und siehe, ich bin immer noch aussätzig.‹

›Nun‹, entgegnet Jesus, ›trotz deiner Klagen bist du in einem sehr realen Sinne nicht mehr aussätzig.‹

›Na phantastisch‹, beharrt der Mann, und Sarkasmus bemächtigt sich seiner, ›aber ich bin immer noch aussätzig in dem trivialen, doch ebenso realen Sinne, daß Teile von mir herabgefallen sind und du offenbar nicht in der Lage bist, sie zu ersetzen.‹

Da schnaubt Jesus und spricht: ›Einer muß sich doch immer beschweren! Also schön, mein Junge, es gibt eine Reihe von Möglichkeiten, von denen, wie ich hinzufügen möchte, keine ein Versagen auf seiten meiner Person oder irgendeines anderen Mitgliedes des Managements darstellt. Mögest du sie an deinen Fingern abzählen.‹

›Dann sollten es aber nicht mehr als drei sein‹, spricht der Aussätzige.

Jesus ignoriert ihn. ›Erstens, dir mangelt es an Glauben – ziemlich wahrscheinlich. Zweitens, du hast es versäumt, deine Heilung in Anspruch zu nehmen – den Fehler machen viele. Drittens, du bist eigens dazu auserwählt worden, daß andere durch dein Leiden gesegnet werden – herzlichen Glückwunsch. Viertens, deine Heilung wird in Gestalt des Todes kommen. Und tschüs! Fünftens, du bist berufen, aber nicht auserwählt – Pech. Wie auch immer, ich muß von hinnen. Ich habe eine große Speisung vorzunehmen, und der Umfang des Budgets stellt mich vor eine große Herausforderung.‹

Er geht, und der Aussätzige rafft sich auf und spricht abermals und abermals zu sich selbst: ›Ich bin nicht aussätzig! Ich bin nicht aussätzig! Ich bin nicht aussätzig...‹ Und siehe, von diesem Tag an war er im ganzen Land als der verrückte Aussätzige bekannt.«

Muß mir wohl doch keine Sorgen machen, daß Gerald übermäßig ernst wird!

Anne sagte heute abend: »Ich weiß gar nicht, warum du auf einmal diese fixe Idee mit der Heilung körperlicher Krankheiten hast. Sicher, diese Reginald-und-Dingsbums-Veranstaltung war eine Katastrophe, aber du weißt doch von deinen anderen Veranstaltungen und Büchern her, daß Gott dich auserwählt hat, ihm zu helfen, die Gefühle und inneren Spannungen und Sorgen der Leute zu heilen, indem du sie dazu bringst, zu lachen, ein bißchen zu weinen und sich zu entspannen. Eine Menge Leute würden ihre Großmutter dafür verkaufen, dazu fähig zu sein.«

Sagte heute abend zu Gott. »Anne hat wohl recht, wie immer. Ich sollte dankbar sein, ich weiß. Es ist nur, daß – nun, man kann nun einmal keine geheilten Gefühle aus Rollstühlen aufspringen sehen. Ich will mich nicht beklagen...«

»Tust du aber«, sagte Gott.

Freitag, 11. Februar

Ziemlich beunruhigt über diese Kinderandacht, zu der ich mich törichterweise bereit erklärt habe. Etwas sagt mir, daß ich Spool sofort hätte zurückrufen und ihm sagen sollen, daß nur eine Einheit wildgewordener Söldner mit Maschinenpistolen mich dazu bringen könnte, zu einer jener das Ego niederknüppelnden Gruppen kleiner Kinder zu sprechen, von denen hin und wieder Redner in Fetzen gerissen werden, die keine Ahnung haben, was sie tun.

Fragte Anne, ob sie meint, daß ich klarkommen werde.

Sie sagte: »Nein, aber du hast es versprochen. Warum hast du gesagt, daß du es machen willst?«

Ich werde Vladimir anrufen und ihm sagen, daß ich das nicht machen kann. Wahrscheinlich rufe ich ihn gleich morgen an.

Samstag, 12. Februar

Bekam heute morgen einen erstaunlichen Anruf von einer Dame namens Angela aus Manchester, die meine Nummer bei der Auskunft erfragt hatte. Anfangs war ich ein bißchen verwirrt und nervös darüber, wie das Gespräch lief. Sie erzählte mir, ihr Vater, Ron, sei letztes Jahr mit einer schweren Krankheit ins Krankenhaus gekommen und habe dort erfahren, daß er nur noch zwei oder drei Monate zu leben hätte. Ron war völlig niedergeschlagen, nicht nur wegen seiner Krankheit, sondern auch wegen seines Glaubens.

Angela sagte: »Er stellte immer wieder all diese Fragen, und nichts, was ich sagte, half ihm weiter. Ich meine, mir fiel einfach nichts mehr ein, was ich sagen konnte. Es war schrecklich. Ich war völlig fertig. Wir waren beide völlig fertig – Mama und ich.«

»Was waren das für Fragen?«

»Ach, alles mögliche. War er wirklich gerettet? Interessierte sich Gott wirklich für ihn? Machte er beim Beten alles richtig? Hatte er alles getan, was man tun muß, um in den Himmel zu kommen? Ich weiß, es klingt ein bißchen albern, aber Papa versank regelrecht in Sorge und Angst darüber, was passieren würde, nachdem er – na ja, nachdem er gegangen wäre, wissen Sie. Er fing an, die Bibel fast – wie soll ich sagen – *fieberhaft* zu lesen, als ob er für eine lange Reise auftanken müßte, aber ich bin ziemlich sicher, daß er kaum ein Wort von dem verstand, was er las. Es war alles nur Panik, wenn Sie wissen, was ich meine.«

Fragte mich, worauf das alles hinauslaufen würde.

Ich sagte: »Und was passierte dann?«

»Nun, deshalb rufe ich an. Ich gab ihm Ihr Buch zu lesen – Ihr Tagebuch. Mama hatte es mir zum Geburtstag geschenkt, darum stand es bei mir zu Hause im Regal.«

Räusperte mich unbehaglich. »Sie haben also, äh... Ihrem Vater im Krankenhaus mein Buch zu lesen gegeben.«

»Ja, genau.«

»Und er –«

»Er lachte sich tot, Adrian. Mein Papa lachte sich zu Tode.«

Wurde ein bißchen nervös. Wollte noch fragen, ob das gut oder schlecht war, aber ich traute mich nicht. Ich konnte hören, daß Angela am anderen Ende der Leitung beinahe am Weinen war. Ich fragte: »Dann hat es – dann hat es ihm also Spaß gemacht?«

»Oh, Adrian, er hat sich danach richtig entspannt. Ich glaube, es hat ihm geholfen, zu erkennen, daß die meisten seiner großen, schweren Probleme von Menschen gemacht waren – nicht von Gott. Der arme alte Papa hatte irgendwie vergessen, daß Gott ihn liebt, glaube ich, und Ihr Buch hat ihm seinen gesunden geistlichen Menschenverstand zurückgegeben, wenn man das so nennen darf. Und wissen Sie, er hat dieses kleine Buch ganz bis zum Schluß auf seinem Nachttisch aufbewahrt. Selbst als es ihm so schlecht ging, daß er nicht mehr selbst lesen konnte, ließ er sich von mir kurze Abschnitte vorlesen, und dann hörte man so ein leises, heiseres Lachen tief aus seinem Inneren. Ich schätze, als er in den Himmel kam, muß Gott ihn angelächelt und gefragt haben: ›Worüber lachst du, Ron?‹ Und Papa wird wohl geantwortet haben: ›Sorry, es ist nur dieses Buch, das ich gerade gelesen habe...‹ Jedenfalls wollte ich mich einfach mal melden, um Ihnen zu danken, das ist alles.«

Ich murmelte: »Nein – ich danke *Ihnen*, daß Sie angerufen haben. Danke.«

Meinte es ernst.

Erzählte Anne von dem Anruf. Tränen traten in ihre Augen. Sie sagte: »Und du jammerst darüber, daß du keine Kranken heilen kannst. Gott verwöhnt dich – ist dir das eigentlich klar?«

Sonntag, 13. Februar

Heute morgen bat Edwin die Gemeinde, sich in kleinen Gruppen zusammenzusetzen und darüber zu reden, was wir als erstes retten würden, wenn unsere Häuser in Brand geraten würden.

Anne fragte mich: »Welches deiner kostbarsten Dinge würdest du herausholen?«

Ich sagte: »Dich.«

Etliche Schokoladenpunkte, und dabei hatte ich es sogar ernst gemeint!

Montag, 14. Februar

Wir haben beide an den Valentinstag gedacht! Ein Wunder!

War ein bißchen nervös wegen des ersten Treffens meiner Unterstützergruppe heute abend.

Ging aber alles ganz gut. Edwin sagte, wir sollten mit einer kleinen Gruppe anfangen und sie langsam aufbauen, so daß heute abend nur Anne, Gerald, Edwin, Richard und Doreen Cook, Leonard Thynn – ich war ein bißchen überrascht, daß Edwin Leonard ausgewählt hatte, so gern ich ihn mag – und ich da waren.

(Edwin sagte, wenn Victoria und Stenneth Flushpool nicht zu einem Missionseinsatz in Afrika unterwegs wären, dann wären sie sicher auch in die Gruppe gekommen. Erstaunlich, wie Victoria sich verändert hat, seit wir sie kennengelernt haben. Es gab eine Zeit, wo ein Pharisäer neben ihr wie ein Engel der Barmherzigkeit gewirkt hätte. Heute muß Stenneth seine Modellbauzeitschrift nicht mehr unter der ehelichen Matratze verstecken, weil seine Frau glaubt, es sei eine ungesunde Versuchung für ihn, sich volle, frontale Fotografien von Sopwith-Camel-Modellen aus Balsaholz anzusehen. Vermisse die beiden sehr.)

Ziemlich nervös, und plötzlich war mir der Gedanke, derart offensichtlich im Mittelpunkt der Aufmerksamkeit zu stehen, ausgesprochen peinlich.

Alle außer Leonard waren pünktlich um halb acht da. Was den Mittelpunkt der Aufmerksamkeit betrifft, hätte ich mir keine Sorgen zu machen brauchen. Alle fingen sofort an zu plaudern, als wäre es nur ein geselliges Beisammensein, und sie hätten vergessen, wozu wir uns trafen.

Doreen zum Beispiel, die aus irgendeinem Grund sowieso ziemlich verdrießlich aufgelegt war, erregte sich sehr über die jugendverderbenden Videos, die in den Läden auf der High Street für Jugendliche problemlos erhältlich sind – eines ihrer Steckenpferde. Das Komische ist, daß, obwohl ich allem, was Doreen zu diesem Thema sagt, vollkommen zustimme, ein Teil von mir, je mehr sie darüber redet, am liebsten losrennen, ein jugendgefährdendes Video ausleihen und es einem Jugendlichen zugänglich machen möchte. Irgend etwas stimmt wohl mit meiner Einstellung nicht...

Gerald hörte eine Weile zu und sagte dann: »Übrigens, Doreen, im Curzon in der Stadt wird gerade ein Film gezeigt, den du sicherlich nicht gutheißen würdest, und er ist ohne Altersangabe, so daß Kinder jeden Alters ihn sehen können. Ich habe sogar heute auf dem Heimweg selbst *gesehen*, wie kleine Kinder hineingingen.«

Anne und ich kennen diese leichte Veränderung in Geralds Stimme nur zu gut. Wir machten uns auf etwas gefaßt. Doreen beugte sich vor, und in ihren Augen leuchtete das Feuer des heiligen Kampfes.

»Was ist das für ein Film, Gerald?« fragte sie.

Gerald schüttelte sorgenvoll den Kopf und sagte: »Ich wage kaum, es dir zu sagen, Doreen. Es ist – nun ja, es ist so schrecklich...«

»Gerald, denk daran, daß du versiegelt bist.«

Ich las in den Augen meines Sohnes, wie er mit der Entscheidung rang, die Gelegenheit zu einer Bemerkung über Parkettfußböden zu opfern und statt dessen bei dem zu bleiben, was immer er sonst hatte sagen wollen. Mit einem ernsten Nicken fuhr er langsam und bedächtig fort.

»Also gut. Es ist eine Geschichte über eine Familie, die gewaltsam durch Grausamkeit und Tod auseinandergerissen wird. Es ist eine Geschichte über Gewehre und Feuer und die blinde Furcht, die in heillose Flucht führt. Es ist eine Geschichte über Heimatlosigkeit und Isolation und den Tod der Unschuld.«

Dramatisches Schweigen. Doreen nahm ein Notizbuch und einen Stift aus ihrer Handtasche und preßte ihren Mund zu einer dünnen, grimmigen Linie zusammen.

»Wie heißt der Film?« fragte sie mit einer Stimme, in der man einen Trommelwirbel zu hören glaubte.

»Bambi«, sagte Gerald.

Doreens Reaktionen auf Geralds Unfug setzen mich immer wieder in Erstaunen. Sie klappte einfach ihr Notizbuch zu, drückte auf den Knopf ihres Kulis und steckte beides zurück in ihre Handtasche. Dann setzte sie sich ungerührt wieder in ihren Sessel, als ob die Zeitspanne von vierzig Sekunden, in der dieser Wortwechsel stattgefunden hatte, nie existiert hätte.

Mir ist das schon öfter bei Leuten aufgefallen, die permanent auf religiösen Modus geschaltet haben. Es ist, als ob ihre Persönlichkeits-Computer nur ein sehr begrenztes Programm hätten. In diesem Fall hatte Doreen, nachdem sie auf den Suchknopf gedrückt und GERALD HAT EINEN WITZ GEMACHT eingetippt hatte, auf ihrem geistigen Bildschirm eine Meldung erhalten, die lautete: UNGÜLTIGE ANWEISUNG: DATEI NICHT GEFUNDEN: GERALD-HAT-EINEN-WITZ-GEMACHT NICHT GEFUNDEN: FÜR HILFE <F1> DRÜCKEN – und dann hatte sie die ganze Sache einfach aufgegeben.

Die Türklingel unterbrach uns. Ging an die Tür. Auf der Schwelle stand eine Gestalt, unsicher auf einen Stock gestützt, Kopf, Arme und Beine mit Verbänden bedeckt. Eine schwache, zittrige Stimme drang aus einem Spalt in den Binden, die das Gesicht verbargen.

»Bitte bete dafür, daß ich geheilt werde.«

Manchmal kapiere ich einfach nicht, was in Thynns Kopf vorgeht. Sagte ihm, er solle hereinkommen und mit dem Unfug aufhören. Unglaublich! Er setzte sich ins Wohnzimmer, mitsamt seinen Verbänden, und erklärte, er hätte sich gedacht, es würde mir »ein bißchen Auftrieb« für meine Vorträge geben, wenn er hin und wieder in seinem »Krüppelkostüm« mit zu einer Versammlung kommen und durch ein Wunder auf der Stelle geheilt würde.

»Das würde Gott in ein besseres Licht rücken, nicht wahr?« sagte er.

»Aber Leonard«, schrie ich beinahe, »das wäre doch gelogen, oder etwa nicht? Wir wollen doch nicht, daß die Leute aufgrund einer Lüge an Gott glauben, oder?«

»Etwa nicht?« fragte Leonard und klang dabei aufrichtig überrascht. »Du meinst, es wäre in Ordnung, in jeder Hinsicht die Wahrheit zu sagen?«

»Natürlich ist es das.«

»In jeder Hinsicht?«

»Ja.«

»Verstehe. Gut! Dann kann ich ja auch allen erzählen, warum ich dachte, es wäre in Ordnung, ein bißchen zu lügen. Seht ihr – also, weißt du noch, wie neulich Anne nicht da war und wir uns bei dir den Spätfilm angeschaut haben, Adrian?«

Spähte nervös zu den anderen hin und sagte wachsam: »Ja-a-a.«

»Na ja, und weißt du noch, daß du und Gerald jeder eine Flasche Wein getrunken habt, und ich habe keinen getrunken, weil ich nicht darf?«

Spähte noch nervöser zu Anne hinüber. »Das ist ein bißchen übertrieben, glaube ich, Leonard, meinst du nicht?«

Gerald schaltete sich ein. »Mhm, das ist wirklich ein bißchen übertrieben, Leonard. Papa hat anderthalb Flaschen getrunken – ich nur ungefähr drei Gläser.«

»Oh ja, das stimmt, tut mir leid, Gerald«, sagte Leonard, »du hast ja aus einem Glas getrunken, das hatte ich vergessen. Adrian lag auf dem Sofa und trank direkt aus der Flasche – aus de*n* Flasche*n* meine ich, Plural.«

Spürte, wie mein Gesicht in Brand geriet. So scharf war ich nun auch wieder nicht darauf, daß Thynn die Wahrheit sagte! Wie würde meine Unterstützergruppe wohl mit dieser Vorstellung zurechtkommen, wie der große Evangelist sich um Mitternacht im Wohnzimmer herumlümmelt, eine Flasche Sprit am Hals wie einen Schnuller?

»Moment mal, das verstehe ich nicht«, sagte Anne, »ihr könnt unmöglich beide Flaschen getrunken haben. Es waren ja nur zwei da, und ich erinnere mich, daß noch eine übrig war, als ich am nächsten Nachmittag den Staubsauger herausholte.«

»Ach ja, das hatte ich vergessen«, sagte Leonard, »aber jetzt fällt es mir wieder ein. Adrian sagte, er müßte sich am nächsten Morgen schnell hinausschleichen und eine neue besorgen, um sie ins Regal zu stellen, damit du nichts merkst.«

Ging in Gedanken meine Lebensversicherungs-Policen durch. Thynn mußte doch klar sein, daß »nicht lügen« nicht unbedingt bedeutet, daß man die *ganze Wahrheit* sagen muß!

»Jedenfalls, kurz bevor die zweite Flasche alle war, fingst du an, von deinen Veranstaltungen zu reden, und du bist aufgestanden und hast dich aufs Sofa gestellt und eine Bibel auf dem Kopf balanciert und gesagt, wenn es darum gehe, die Leute zum Glauben zu führen, heilige der Zweck die Mittel. Und als ich dich fragte, was das bedeutet, sagtest du, es spiele keine Rolle, ob die Leute durch Bischöfe oder durch Hochstapler bekehrt würden. Dann wolltest du noch etwas sagen, aber du bist vom Sofa gefallen, und dann bist du auf dem Fußboden herumgerollt und hast gesungen: ›Roll me over, lay me down and do it again‹, und du hast gesagt, das sei ein alter Chorus über das ›Ruhen im Geist‹. Und darum dachte ich, es macht nichts, wenn wir lügen. Tut mir leid.«

Verspürte eine seltsame Ruhe.

»Tja, das wär's dann ja wohl«, sagte ich. »Es ist schön, daß diese kleine Gruppe hier zusammengekommen ist, um drei bedeutungsvollen Endpunkten beizuwohnen – dem Ende meines Dienstes, dem Ende meiner Ehe und dem Ende von Leonard Thynns Leben, wenn ihr anderen gegangen seid.« Schüttelte verzweifelt den Kopf. »Es tut mir schrecklich leid. Tut mir leid, Anne. Ich kann dir gar nicht sagen, wie peinlich mir diese Sache wegen neulich abend ist, besonders, daß ich losgegangen bin und eine neue Flasche Wein gekauft habe und so. Ich glaube wirklich, es wäre das Beste, wenn ihr alle still nach Hause geht und wir die ganze Sache einfach vergessen. Tut mir leid...«

»Aber essen können wir doch noch, oder?« fragte Thynn mit dem ihm eigenen Taktgefühl.

Edwin räusperte sich und beugte sich vor, verschränkte die Hände und stützte seine Arme auf die Knie. Er musterte den Fußboden, während er zu sprechen begann.

»Sieh mal, Adrian, der Grund, warum ich die Leute, die in diesem Zimmer sitzen, als Kern deiner Unterstützergruppe ausgewählt habe, ist, daß sie alle Leute sind, die dich lieben. Und wir lieben dich nicht deshalb, weil du etwa vollkommen wärest. Das bist du nicht – genausowenig wie ich. Wir mögen dich aufgrund vieler Dinge, und trotz einiger anderer Dinge. Begreifst du das?« Er blickte zu mir auf. Ich nickte, und mir wurde ein bißchen weinerlich zumute. »Wir wollen keinen Schriftsteller oder Redner unterstützen. Wir wollen *dich* unterstützen, den, der du wirklich bist, nicht irgendeine auf Hochglanz polierte, scheinbar tugendhafte Figur, die in Wirklichkeit gar nicht existiert. Was da neulich abends passiert ist, als Anne nicht da war – nun, sagen wir einfach, daß es mir auch peinlich wäre, wenn das alles vor anderen Leuten ausgebreitet worden wäre, aber seien wir doch ehrlich, jeder von uns hier hat fast mit Sicherheit selbst irgendeine Leiche im Keller, die wir nur sehr ungern den Blicken der Öffentlichkeit preisgeben würden. Irgend etwas, das Gott uns zwar vergeben hat, worüber wir uns manchmal aber immer noch ein bißchen schuldig fühlen. Ist es nicht so?«

Er sah sich fragend unter den anderen Mitgliedern der Gruppe um. Anne, Gerald und Leonard nickten sofort zustimmend.

Richard machte ein entsetztes Gesicht. Umklammerte mit beiden Armen seine Bibel vor der Brust wie einen Teddybär und sagte: »Äh, nun, natürlich, die Heilige Schrift räumt ein, daß zuweilen ein – ein Stachel im Fleisch vom Herrn zugelassen wird, um Wachstum im Bereich der Demut zu bewirken, aber, äh...«

»Schon gut, Richard«, sagte Edwin mit einem leisen Lächeln,

»du brauchst uns nicht zu erzählen, was für einen Stachel du selber im Fleisch hast. Ich wollte nur darauf hinaus, daß wir alle mindestens einen oder zwei Stachel drinstecken haben – nicht zu vergessen die vielen Narben von alten Stacheln, die Gott uns herausgezogen hat, so daß es sich eigentlich keiner von uns leisten kann, über andere zu richten, nicht wahr?«

»Oh ja«, erwiderte Richard, erleichtert, sich wieder auf festem Boden zu befinden, »es kommt gewiß nicht in Frage, über andere zu richten. Ich – möchte meiner vollen Unterstützung für Adrian in seinem Dienst Ausdruck geben, und ich – ich stimme mit allem überein, was Edwin äh – mit allem, was Edwin über äh ... darüber gesagt hat.«

Ich glaube, Doreen hätte uns gerne darüber belehrt, daß diejenigen, die in Christus sind, eine neue Schöpfung und deshalb ohne Sünde sind, aber sie begnügte sich damit, langsam und demonstrativ nachsichtig zu nicken. »Wir stehen hinter Adrian, wenn er auf jede nur mögliche Weise das Werk des Herrn zu tun trachtet«, sagte sie.

Gerald flüsterte mir ins Ohr: »Ich bin nur froh, daß wir jetzt nicht hinter der Turnhalle unsere Stachel vergleichen.«

»Der Punkt ist, Adrian«, fuhr Edwin fort, »daß ich befürchte, je bekannter du wirst, desto mehr werden die Leute die wirkliche Person hinter den Büchern und Vorträgen aus den Augen verlieren – das ist immer so, und es wird nicht leicht für dich sein. Dazu ist diese Gruppe da. Wir werden es alle nach wie vor mit dem Adrian Plass zu tun haben, der schwach und menschlich ist und genauso wie wir – mit jemandem, den wir lieben. Ich finde es gut, daß Leonard uns davon erzählt hat, was sich neulich abends hier abgespielt hat. Dadurch können wir sauber anfangen – und mit einem bißchen Glück können wir auch sauber bleiben.«

Doreen sagte: »Wenn du von einem ›bißchen Glück‹ sprichst, Edwin, dann meinst du doch sicherlich in Wirklichkeit die Gnade Gottes?«

»Nun, ja«, seufzte Edwin, »natürlich, Doreen, ich habe gemeint, daß wir sauber bleiben durch die Gnade Gottes.«

»Mit einem bißchen Glück«, fügte Gerald hinzu, was die meisten von uns zum Lachen brachte.

Danach lief das Treffen gut. Wir beschlossen, daß die Gruppe je nach Bedarf zusammenkommen soll, aber mindestens etwa alle drei Monate. Jedes Treffen soll darin bestehen, daß ich über das berichte, was bereits geschehen ist, einschließlich aller Probleme und Schwierigkeiten, für die ich Gebet und Rat brauche, gefolgt von einem Blick auf meine kommenden Termine und einem Ausblick auf die Zukunft. Wir einigten uns darauf, daß jeder von uns jede beliebige Ansicht äußern darf, solange wir bereit sind, zu entdekken, daß wir uns geirrt haben.

Hmmm...

Zum Schluß soll jemand – jedesmal ein anderer – eine kurze Andacht halten, bevor wir gemeinsam beten. Edwin kündigte an, die Gruppe im Laufe der Zeit zu »bereichern«, indem er noch den einen oder anderen dazustoßen läßt, wollte aber nicht sagen, wer dafür in Frage kommt. Wollte lieber nicht direkt fragen, ob Norma dabei sein wird. Nicht, daß sie – Sie wissen schon, irgendwie etwas Besonderes für mich wäre...

Wir beteten eine Weile über einen Vortrag, den ich am sechzehnten Februar in Derby halte, und ein evangelistisches Abendessen am Samstag, dem neunzehnten. Habe versucht, mir selbst vorzumachen, daß die Kinderandacht gar nicht existiert, dachte dann aber doch, ich sollte sie lieber erwähnen. Hoffte, jemand würde ein Wort von Gott empfangen, daß ich es nicht machen sollte, aber es kam nichts. Ich glaube, ich werde trotzdem absagen. Morgen rufe ich ganz bestimmt Vladimir an.

Danach tranken wir Kaffee, entspannten uns und plauderten. Es gab einen oder zwei Höhepunkte. Als Richard Anne bat, ihm die Konkordanz zu reichen, sagte Thynn: »Au prima, wir wollen was zusammen singen, ja?«

Kaum zu glauben, aber das sollte kein Witz sein.

Als Anne ihm erklärte, was eine Konkordanz ist, war Leonard total schockiert. Sagte zu Edwin: »Jeden Sonntag, wenn du da vorne stehst und einen Abschnitt nach dem anderen zum gleichen Thema zitierst, denke ich immer: ›Meine Güte! Ich wünschte, ich würde mich so gut in der Bibel auskennen.‹ Und dabei hast du die ganze Zeit einen – einen Camcorder benutzt.«

»Konkordanz«, korrigierte ihn Edwin, »und du hast völlig recht, ich mogele jedesmal.«

War mir ein bißchen peinlich, als Gerald es nicht lassen konnte, allen zu sagen, er finde, ich müsse mir in allen Einzelheiten der Regeln des »Weißer-Umschlag-Spiels« bewußt sein, wie er es nennt.

Er sagte: »Ich habe schon oft gesehen, wie Papa es gespielt hat, ohne sich dessen bewußt zu sein, aber ich nehme an, die meisten christlichen Redner spielen es hin und wieder. Es geht folgendermaßen. Die Versammlung ist zu Ende, und der Typ, der die Ansprache gehalten hat – nennen wir ihn Cedric – weiß genau, daß irgendwann demnächst mit an Sicherheit grenzender Wahrscheinlichkeit einer der Veranstalter mit einem weißen Umschlag, auf dem sein Name steht, auf ihn zukommen wird. Und natürlich freut sich Cedric schon mächtig darauf, weil sich in diesem Umschlag normalerweise Bargeld oder ein Scheck befindet. Das Problem ist nur: Die erste und strengste Regel des Weißer-Umschlag-Spiels lautet, daß der Redner keinen Hinweis darauf geben darf, daß er auch nur im entferntesten daran interessiert ist, so etwas zu bekommen; also fängt er an –«

Anne unterbrach ihn. »Wenn es Zeit ist zu gehen und der Umschlag noch nicht aufgetaucht ist, beginnt Cedric mit einer Art ›Habe-ich-mich-schon-von-allen-verabschiedet?‹-Tanz, der darin besteht, herumzulaufen und auf beeindruckend gewissenhafte Weise alle Hände zu schütteln, in der Hoffnung, daß dadurch, wenn er zu der Person mit der Kasse kommt, deren Gedächtnis genügend durchgeschüttelt wird, daß sie den Umschlag zückt und sich davon trennt.«

Gerald sah seine Mutter bewundernd an. »Sehr gut, Mamuschka! Du hast absolut recht. Jedenfalls, früher oder später tritt die betreffende Person – nennen wir ihn George – mit dem weißen Umschlag in der Hand an Cedric heran, und an dieser Stelle beginnt das eigentliche Spiel.«

»Gerald«, unterbrach ich, »ich bin ziemlich sicher, daß niemand sonst diesen Unsinn hören will.«

Blickte mich nach Bestätigung heischend um, doch Edwin sagte: »Doch, natürlich wollen wir! Weiter, Gerald. Da ich selbst gelegentlich Verteiler *und* Empfänger von weißen Umschlägen bin, finde ich das alles höchst interessant.«

»Schön, also, nachdem er eine Ewigkeit dort herumgelungert hat, um sicherzugehen, daß der weiße Umschlag ihm auch wirklich angeboten wird, scheint Cedric nun seltsamerweise völlig unfähig zu sein, das Objekt wahrzunehmen, selbst wenn es ihm buchstäblich unter die Nase gehalten wird. Ja, an diesem Punkt wird Cedric sich im allgemeinen sogar in Richtung Tür in Bewegung setzen, als ob er gehen wolle, wobei er sich in Wirklichkeit vollkommen darauf verläßt, daß er aufgehalten wird, lange bevor er zur Tür hinaus ist.

Und natürlich kommt es auch so. Tief beeindruckt von der Tatsache, daß Cedric der Redner bei seiner Verabschiedung auch nicht die bescheidenste Seele übersehen hat und daß er zu sehr in geistliche Höhen entrückt ist, um Geld auch nur zu *bemerken*, wenn es ihm angeboten wird, geht der Hüter des weißen Umschlags der heiligen Gestalt mit raschen Schritten nach, hält ihn auf der Türschwelle an und sagt etwa folgendes:

›Wir dachten – nun, wir wollten einfach – wissen Sie – dankeschön sagen dafür – nun, dafür, daß Sie gekommen sind, und – nun, wir möchten Ihnen gern das hier mitgeben, als Zeichen unserer – wissen Sie...‹

Nun ist für Cedric die Zeit gekommen, eine subtile und äußerst liebenswerte Mischung aus Verwirrung und Erstaunen vorzuspiegeln. Er hält den Umschlag in der Hand und starrt ihn neugierig an, als ob ›weiß‹ und ›Umschlag‹ zwei völlig neue Konzepte in seiner Erfahrungswelt seien.

›Was in aller Welt – ? Was ist das? Lieber Himmel, ich hätte nie erwartet...‹

›Oh, das ist nur – eigentlich gar nichts‹, sagt George schüchtern, ›es ist wirklich gar nichts – überhaupt nichts – nur eine kleine Aufmerksamkeit als Zeichen unserer – wissen Sie...‹

Plötzlich trifft die Erkenntnis Cedric wie ein Schlag. Man bietet ihm Geld an! Oh, was für ein tiefer, völlig unerwarteter, betäubender Schock! Er schüttelt vor sprachlosem Staunen den Kopf.

›Das wäre doch nicht nötig gewesen‹, murmelt er, ohne freilich den Umschlag aus der Hand zu geben, ›ich habe es doch nicht für – Lohn getan, außer natürlich das Wissen, daß der Herr …‹

›Oh, das wissen wir!‹ erwidert George eilig, denn es ist ihm peinlich, einen geistlichen Riesen von solcher Größe mit etwas so Vulgärem wie Geld zu belästigen, ›aber sehen Sie es doch bitte – nun, als einen kleinen Beitrag zu Ihrem Dienst.‹

Rasch läßt Cedric den ungeöffneten Umschlag in der Innentasche seiner Jacke verschwinden, als ob sein Inhalt für ihn nicht im geringsten von Interesse wäre. Es ist durchaus möglich, so suggeriert sein Verhalten, daß er sein Vorhandensein völlig vergessen und sich *niemals* die Mühe machen wird, ihn zu öffnen und zu sehen, was darin ist. Noch ein weiterer fester Händedruck mit George und ein kurzer Blick in die Augen, um seine geistliche Tiefe, sein betendes Wohlwollen und seine herzliche Dankbarkeit spüren zu lassen, dann hinaus und in den Wagen, würdevoll gelassene Abfahrt, ein letztes Winken, und dann wird drei Straßen weiter an einer unbeobachteten Stelle plötzlich abgebremst, der weiße Umschlag aus der Innentasche gezerrt und *zerfetzt*, um zu sehen, wieviel er bekommen hat …«

»Meine Güte!« sagte Leonard. »Das ist ein ganz schöner Knochenjob, Redner, was? Ich glaube nicht, daß ich das alles machen könnte.«

»Richard und ich sind gern bereit, dir zurechtzuhelfen, Adrian, wenn du wirklich mit soviel Täuschung und falscher Motivation zu kämpfen hast«, erbot sich Doreen.

Wollte gerade antworten, aber Edwin grinste und sagte: »Nun komm, Doreen, was Gerald da beschrieben hat, war doch eine ziemliche Karikatur, aber ich will gerne zugeben, daß es bei mir vor ein paar Jahren, als das Geld vorne und hinten nicht reichte, nicht sehr viel anders war. Man wollte nicht gierig wirken, aber man hoffte wirklich, daß ein bißchen Geld ›rüberkommen‹ würde, weil man dann mal etwas Ungewöhnliches unternehmen konnte – zum Beispiel essen gehen. Selbst heute sind meine Motive noch sehr gemischt. Das werden sie immer sein, vermute ich, aber Gott weiß über das alles Bescheid, denn«, schloß er schlicht, »ich sage es ihm.«

Doreen räusperte sich ein wenig nervös. »Richard, sind auch dir schon, äh … solche Gefühle begegnet?«

Richard sagte: »Meine eigene Erfahrung bei den wenigen Gelegenheiten, bei denen ich als Gastredner aufgetreten bin, unterscheidet sich in einem konkreten Punkt von der des hypothetischen Cedric.«

Doreen sah erleichtert aus. »Und worin besteht dieser Unterschied?«

»Nun«, erwiderte Richard langsam, »ich reiße niemals den Umschlag auf – ich öffne ihn ganz vorsichtig, damit ich ihn wiederverwenden kann...«

Dienstag, 15. Februar

Everett Glander ist wie einer dieser Splitter in der Hand, die man sofort wieder hätte herausziehen sollen, aber man hat es nicht getan, und nun hat er sich so weit unter die Haut gegraben, daß man ihn nicht mehr zu fassen bekommt. Wünschte, er würde entweder nach China auswandern oder sich bekehren und in irgendeine andere Gemeinde gehen als unsere.

Hasse mich dafür, daß ich ihn hasse...

Mittwoch, 16. Februar

Zurück in meinem Hotel in Derby nach dem Vortrag heute abend. Was für ein Tag!

Ich habe während meines Lebens schon einige äußerst ärgerliche Gespräche geführt, aber meine Begegnung heute morgen mit einem Mann, der ein festes Gehalt dafür bekommt, die Öffentlichkeit mit Auskünften über Züge zu versorgen, schießt so ziemlich den Vogel ab. Mir ist klar, daß heutzutage immer mehr Leute als Lebensberater ausgebildet werden, aber wenn es im Moment nicht genügend Stellen für alle gibt, sehe ich eigentlich nicht ein, warum sie auf die Öffentlichkeit losgelassen werden sollten.

Zugegeben, es war im Grunde mein eigener Fehler – das akzeptiere ich. Ich hatte vergessen, mir den Wecker zu stellen, und mußte deshalb mit einem schweren Koffer zum Bahnhof hechten. Hechtete auf den Bahnsteig und stellte fest, daß das, was ich für den Zug nach Derby hielt, sich gerade zur Abfahrt anschickte. Hechtete mitsamt dem Koffer in den Zug, entdeckte sofort, daß es sich um den

Non-Stop-Zug nach Flaxton handelte, hechtete wieder hinaus, bemerkte, daß mein Koffer noch drinnen war, wirbelte herum in der Absicht, wieder hineinzuhechten, und stellte fest, daß der Zug bereits rollte. Wollte sterben. Völlig erschöpft vom Herumhechten. Wußte, daß ich den nächsten Zug nach Flaxton nehmen mußte, um meinen Koffer wiederzubeschaffen, um dann mit einem Bummelzug nach Derby zu fahren. Die Zeit würde gerade reichen, wenn ich mit den Verbindungen Glück hatte. Dachte in meiner Naivität, ich könne an der Information Auskunft über den nächsten Zug nach Flaxton erhalten. Kam ziemlich durcheinander am Schalter an und sah mich einem jungen Mann gegenüber, dessen Lächeln ich nur als wabbelweich beschreiben kann und der mir zunickte wie einer dieser Spielzeughunde hinter Autoheckscheiben. Soweit ich mich erinnere, verlief unser Gespräch etwa folgendermaßen:

ICH: (*hektisch*) Welchen Zug nehme ich nach Flaxton?

ER: (*langsam und einsichtsvoll*) Okay – welchen Zug *wollen* Sie denn nach Flaxton nehmen?

ICH: (*ungläubige Pause*) Na, einen, der dorthin fährt, bitte. Bald! Was reden Sie denn da? Denken Sie, ich will einen Zug nach Flaxton nehmen, der *nicht* nach Flaxton fährt? Sind Sie blöd oder was?

ER: (*immer noch nickend und lächelnd*) Danke, daß Sie mich an Ihrem Zorn teilhaben lassen.

ICH: (*völlig aus der Fassung und hoffend, daß er keine christlichen Bücher liest*) Ich werde gleich einen linken Haken mit Ihnen teilen, wenn Sie –

ER: (*unterbricht*) Darf ich Sie etwas fragen?

ICH: (*mit schwacher Stimme*) *Sie* wollen *mich* etwas fragen?

ER: Erinnere ich Sie an Ihren Vater?

ICH: (*der Hysterie nahe*) Nein, Sie erinnern mich nicht an meinen Vater. Mein Vater war vernünftig und hilfsbereit. Hören Sie mal! Es ist eigentlich ganz einfach. Ich habe meinen Koffer im Zug nach Flaxton liegengelassen, und ich muß ihn rechtzeitig wiederbeschaffen, um weiter nach Derby zu fahren, weil ich dort heute abend einen Vortrag halte. Kapiert?

ER: Okay, packen wir das einmal aus.

ICH: (*bei der Hysterie angekommen*) Ich würde ihn ja gerne auspacken, Sie Schlafmütze, aber er ist auf dem Weg nach Flaxton!

ER: (*therapeutisch ermutigend*) Mmmm, oka-a-a-y! Humor ist immer gut.

ICH: (*trommele mit den Fäusten auf den Tresen*) Vergessen Sie den Humor! Vergessen Sie alles andere! Sagen Sie mir einfach, welchen Zug ich nach Flaxton nehme. Sagen Sie es mir jetzt!

ER: Darf ich Ihnen sagen, was ich bei Ihnen heraushöre?

ICH: (*ein tiefes, knurrendes Geräusch*) Rrrrr...

ER: Was ich bei Ihnen herauszuhören glaube – was ich das Kind in Ihnen sagen zu hören glaube, mein Freund, ist, daß Sie eigentlich überhaupt nicht nach Derby wollen, und darum haben Sie unbewußt die Entscheidung getroffen, Ihren Koffer im Zug nach Flaxton liegenzulassen. In Wirklichkeit wollen Sie diesen Koffer niemals wiedersehen. Berühre ich eine Saite bei Ihnen?

ICH: (*geschlagen – den Kopf auf dem Tresen, mehr oder weniger schluchzend*) Hören Sie, könnten Sie mir bitte einfach sagen, wann der nächste Zug nach Flaxton fährt? Das ist alles, was ich will – ich will einfach nur nach Flaxton fahren. Bitte lassen Sie mich nach...

ER: (*mit herzlicher Zustimmung*) Ja*wo-o-ohl*! Das ist gut, lassen Sie alles heraus. Veräußerlichen Sie den Schmerz, und dann können wir uns gemeinsam damit befassen.

(*mitfühlend und mit unermeßlicher Bedeutungsschwere*) Ich vermute, daß Sie sich in einem zutiefst realen Sinn schon seit sehr, sehr langer Zeit gewünscht haben, daß dieser Koffer Flaxtons Problem wird. Habe ich recht? (*Pause – plötzlich sehr effizient*) Also schön, ich schlage vor, daß Sie in einer Woche wiederkommen, und in der Zwischenzeit möchte ich, daß Sie daran arbeiten, wie Sie meinen, daß Ihr Verhältnis zu Derby aussehen würde, wenn es ein Mädchen wäre, mit dem Sie ins Kino gehen. Wer würde bezahlen? Würden Sie in der hintersten Reihe sitzen? Könnte es hinterher zu einer Pizza-Situation kommen? Dergleichen Dinge. Schauen wir mal... (*blättert in einem Ter-*

minkalender) Ja, ich könnte Sie um elf Uhr am Mittwoch vormittag einschieben. Und bitte – (*spielerisch*) Haltung bewahren. Einverstanden?

ICH: (*mörderisch ruhig*) Ich rate Ihnen dringend, in Ihrem eigenen Interesse äußerst sorgfältig zuzuhören, was ich jetzt sagen werde. Sie sind eine Person, die dafür bezahlt wird, Kunden, die Auskünfte über Züge benötigen, diese Auskünfte zu erteilen. Ich hingegen bin ein Kunde, der eine ganz kleine Auskunft haben möchte. Wenn Sie mir auf die nächste Frage, die ich Ihnen stelle, keine schlichte, sachliche Antwort geben, verspreche ich Ihnen, daß ich über den Tresen zu Ihnen klettern, mich auf Ihre Brust knien und Sie zwingen werde, das gesamte, sehr umfangreiche Kursbuch der British Rail, das zwischen uns hier auf dem Tresen liegt, restlos zu verspeisen. Also – wann fährt der nächste Zug nach Flaxton von diesem Bahnhof ab?

PAUSE

ER: Um neun Uhr.

ICH: Vielen Dank, daß Sie mich an dieser Information haben teilhaben lassen.

Schaffte es schließlich, meinen Koffer zurückzubekommen und rechtzeitig nach Derby zu kommen, aber ich war völlig verschwitzt und fertig, als ich endlich an dem Gemeindehaus ankam, in dem ich sprechen sollte. Stand ein Weilchen am Eingang und signierte Bücher für die Leute, die hereinkamen.

Höchst peinlicher Vorfall.

Eine Dame kam auf mich zu, hielt mir eines meiner Bücher entgegen und sagte: »Würden Sie so nett sein, das hier für meine Freundin Eileen zu signieren, wissen Sie, sie – sie sitzt.«

Stellte mir Eileen vor, wie sie einsam irgendwo in einer Gefängniszelle hockte, und schrieb in das Buch:

Für Eileen
Mögen Sie durch ein Wunder selbst an jenem Ort frei sein.

Gab es der Dame zurück, die meine Widmung eine Sekunde lang anstarrte und dann sagte: »Nein, nein, ich meine, sie sitzt im Gemeindehaus – sie ist vor mir hineingegangen...«

Beschaffte ihr ein neues Buch und änderte die Widmung in MIT BESTEN WÜNSCHEN. Kam mir wie ein Depp vor.

Danach lief der Abend gut. Die Leute schienen den Gedanken, daß Gott sie liebt, geradezu aufzusaugen.

Als ich Edwin ein paar Tage später die Geschichte mit »sie sitzt« erzählte, meinte er, er kenne die betreffende Gemeinde, und meine erste Widmung sei vermutlich schon richtig gewesen.

Versuchte, meine Wut auf den Mann von der British Rail zu bereuen, aber es fiel mir nicht leicht. Ich weiß, Jesus hat nie gesündigt, aber ich bin ziemlich sicher, daß dieser Bursche ihn bis hart an die Grenze gebracht hätte.

Donnerstag, 17. Februar

Mußte den ganzen Weg zurück von Derby an diese Kinderandacht denken. Muß unbedingt Pfarrer Spool anrufen. Das Ganze wächst sich zu einem kleinen Alptraum aus. Verdirbt mir die ganze Vorfreude auf Australien. Zu müde heute – mache es morgen...

Freitag, 18. Februar

Raffte endlich den Mut zusammen, Vladimir Spool anzurufen, aber – PREIST DEN HERRN! – er war nicht da.

Gerald, der mit einem Buch am Kamin saß, blickte auf, als ich den Hörer auflegte, und sagte: »Heißt dieser Pfarrer wirklich Vladimir?«

»Ja.«

»Weißt du zufällig, ob er gerne Fleischspießchen ißt?«

Sah einen sehr, sehr schlechten Witz kommen.

»Nein. Warum?«

»Na ja, wenn es so wäre, dann wette ich, ich kann raten, welchen Spitznamen ihm seine Gemeinde gegeben hat.«

»Und der wäre?«

»Vlad der Pfähler.«

Samstag, 19. Februar
Heute abend ging es zu einem evangelistischen Abendessen mit Thynn und Gerald, der, von allem anderen abgesehen, kein kostenloses Abendessen ausläßt. Thynn meinte, er wollte sich mal daran versuchen, für mich die Bücher zu verkaufen.

Fühle mich immer ein bißchen unbehaglich bei diesen evangelistischen Aktionen. Wenn ich an all die Planung, die Vorbereitung und das Gebet denke, die dann darin gipfeln, daß ich mich eine halbe Stunde lang hinstelle und albernes Zeug erzähle, gerate ich ein wenig in Panik. Diesmal war ich noch nervöser, weil die Dame, die das Abendessen organisiert, Eve Worthington, am Telefon gesagt hatte, daß sie damit rechnet, daß die überwiegende Mehrzahl der Leute, die kommen würden, Nicht-Christen sein würden, die »noch nie zuvor dem nackten Evangelium ausgesetzt« gewesen seien. War mir keineswegs sicher, ob ich in der Lage sein würde, sie dem »nackten Evangelium« auszusetzen. Als wir uns auf die Autobahn einfädelten, meinte Gerald, ich solle mir nicht zu viele Sorgen machen; seiner Erfahrung nach lösten sich »überwiegende Mehrzahlen« von Nicht-Christen, wenn es ernst wird, fast immer in ziemlich kleine Minderheiten auf.

Er hatte völlig recht.

Als wir das Hotel erreichten, wo das Abendessen stattfand, fragte ich Eve Worthington, die sich als eine muntere kleine Kugel auf zwei Beinen entpuppte, wie viele der Gäste ihrer Schätzung nach Nicht-Christen seien. Versuchte so zu klingen, als ob ich inständig hoffte, es wären *alles* Nicht-Christen, damit ich sie dem N. E. aussetzen und jeden einzelnen bekehren könnte.

Sie flüsterte mir vertraulich ins Ohr: »Na ja, es hat nicht ganz so geklappt, wie wir gehofft haben, fürchte ich.«

Yippieh! dachte ich im stillen.

Sagte: »Oh, ich bin *sehr* enttäuscht, das zu hören. Dann werden es wohl fast alles Christen sein, wie?«

»Es ist sogar nur ein einziger Nicht-Christ hier«, sagte Eve.

Hocherfreut, aber auch ein bißchen überrascht. Die Kluft zwischen einer »überwiegenden Mehrzahl« und »einem einzigen« erschien mir ein wenig dramatisch, um es vorsichtig auszudrücken.

»Sein Name ist Brian«, flüsterte Eve, »und er ist ein Nachbar von uns. Ich habe ihn eingeladen, als mein Mann George ihm, gerade völlig mit Öl und Fett beschmiert, sein Auto reparierte, als es an einem Samstag nicht ansprang, so daß er unmöglich ablehnen konnte. Er wäre so nützlich für das Reich Gottes – er ist Bankmanager.«

Offensichtlich hielt sie es nicht für nötig, diese kryptische Aussage zu dekodieren. Kam mit ihrem Mund meinem Ohr noch näher und zischte voller Begeisterung: »Er ist ganz nahe dran, wissen Sie! Wir haben Sie beim Abendessen ihm gegenüber gesetzt.« Zog ihren Kopf zurück und lächelte und nickte mir vielsagend zu. Mir sank das Herz. In der Gegenwart von Bankmanagern verwandle ich mich immer in einen Wurm, und ich weiß nie, was ich zu Leuten sagen soll, denen ich »mein Zeug« vortragen soll. Mir graute vor dem Abendessen.

Machte mich auf die Suche nach der Toilette, bevor ich mich niederließ (bei Tisch, meine ich). Als ich am Waschbecken stand, redete ich einfach mit Gott. »Ich komme mir nutzlos vor«, sagte ich. »Ich fühle mich nervös und dumm und häßlich und kleingläubig, und ich will nach Hause.«

»Halleluja! Ziehe hinaus in den Sieg!« kam eine Stimme aus einer der Kabinen.

Wäre beinahe tot umgefallen.

Ein Wasserrauschen ertönte, und Gerald kam grinsend zum Vorschein. »Bist wohl nicht gut drauf, Papa, was?«

War so erleichtert, daß es nur Gerald war, daß ich nicht einmal wütend wurde. Ich sagte: »Gerald, ich glaube nicht, daß ich mich jemals weniger auf eine Veranstaltung gefreut habe. Mein Glaube hat ungefähr die Größe einer Erbse.«

»Was denn, so groß?«

»Was?«

»Na ja, eine Erbse ist größer als ein Senfkorn. Mensch, Paps, am Ende schaffst du es doch noch, diese berühmte Büroklammer zu bewegen.«

»Sehr witzig.«

»Außerdem«, sagte Gerald, während er seine Hände unter der

Evangelisten-Maschine abtrocknete, wie er die Dinger hartnäckig bezeichnet (»heiße Luft, die eine lange Zeit braucht, um ein ziemlich unbefriedigendes Ergebnis zu erzielen«), »kann es sehr gefährlich sein, im Sieg zu wandeln – denk nur daran, wie es Lord Nelson erging.« Klopfte mir auf die Schulter. »Komm schon, Paps. Du wirst es schaffen.«

Es ist schön, wenn man von seinem erwachsenen Sohn ermutigt wird, aber was in aller Welt hat Lord Nelson mit der Sache zu tun?

Eve Worthingtons Auffassung, Brian der Bankmanager sei »nahe dran«, erwies sich als völlig unberechtigt. Er war näher daran, aufzustehen und hinauszugehen, als daran, Christ zu werden, wenn Sie mich fragen. Er war ein breitschultriger Mann mit angegrauten Haaren und einem jener scharfgeschnittenen, starken, Kompetenz ausstrahlenden Gesichter, die man offenbar bekommt, wenn man sich jahrelang in beruflicher Funktion mit Menschen und Situationen auseinandersetzt. Er mußte kurz vor dem Pensionsalter stehen.

Als ich mich ihm gegenüber setzte, verschränkte er seine Arme und starrte mich mit einer hochgezogenen Braue an, als wollte er sagen: »Na los, bekehre mich – wenn du dich traust!«

Schüttelte ihm die Hand und stellte mich nervös als Referent vor. Es gelang mir gerade so, der starken Versuchung zu widerstehen, ihm zu sagen, daß mein Konto momentan völlig in Ordnung sei und daß ich mein Bestes tun würde, um dafür zu sorgen, daß es auch in Zukunft so bliebe.

Er sagte: »So, Sie sind also der Bursche, der uns alle auf die Knie treiben wird, ja? Na, dann wünsche ich Ihnen viel Glück, Sie werden es brauchen.«

Er war so unerschütterlich selbstbewußt, daß mir während des Essens nach und nach die Stimme immer dünner wurde, bis sie fast völlig verschwunden war. So geht es mir immer, wenn ich mich überwältigt fühle. War wahrscheinlich auch besser so, denn mein protestierendes Geblöke, ich wolle überhaupt niemanden bekehren, und meine erbärmlichen Versuche, ihn in ein Gespräch über Bankgeschäfte zu verwickeln, waren sowieso nicht hörenswert. Er wirkte so sicher und entspannt und selbstgenügsam in seinen kurzen Antworten auf meine Fragen, daß ich mir nicht vorstellen konnte, wie er in seinem Leben einen Bereich finden könnte, in dem er einen Gott brauchte, der so irregeleitet war, sich von einem Trottel wie mir öffentlich repräsentieren zu lassen.

(Der Duden definiert »Trottel« übrigens als einen einfältigen Menschen oder Dummkopf, und *genau* so kam ich mir vor.)

Als der Kaffee serviert war und irgend jemand seine überschwengliche Einleitung beendet hatte, erlebte ich die seltsame Illusion, die Rednern in aller Welt bekannt ist, daß die eiskalten Hände von Leuten, die mich nicht leiden konnten, eine Auswahl meiner inneren Organe so fest wie möglich umklammert hielten.

Was die Sache noch schlimmer machte, war, daß Eve Worthington, gesegnet seien ihre kurzen christlichen Söckchen, sich so strategisch positioniert hatte, daß sie in der Lage war, mich und Brian den Bankmanager gleichzeitig im Auge zu behalten. Sie schickte ein grauenhaft un-verstohlenes Zwinkern in meine Richtung, während sie schüchtern ihre Absicht andeutete, während meines ganzen Vortrags zu beten, indem sie für einen Augenblick die Hände in ihrem Schoß flach zusammenlegte. Ich beschloß, den Blickkontakt zu ihr um jeden Preis zu vermeiden, bis ich fertig war.

Weiß nicht so recht, wieso ich so sehr über die Kirche herzog, als ich dann sprach. Vielleicht war das das einzige, was ich mit meinem heruntergekommenen Selbstvertrauen zustande brachte. Es ist immer leichter, negativ zu sein als positiv. Es ist leichter, die Leute zum Lachen zu bringen, wenn man betrachtet, was mit der Kirche nicht stimmt, als wenn man davon redet, was an ihr gut ist.

Aus welchem Grund auch immer, ich weiß nur, daß ich mich endlos darüber ausließ, was für alberne Sachen Christen sagen, was für alberne Tonfälle sie benutzen, was für alberne Lieder sie singen, was für alberne Erwartungen sie haben, auf welch alberne Weise sie evangelisieren und was für alberne Bücher sie lesen. Im Grunde konnte ein Außenstehender aufgrund meines Vortrags nur zu einem einzigen Schluß über die Kirche gelangen – daß sie albern sei.

Eine seltsame, peinliche Sache passierte unterdessen. Ungefähr nach der Hälfte, als ich mit all den Albernheiten so richtig in Fahrt gekommen war, kam mir eine Art Gedanke oder Gefühl oder Erkenntnis oder – ach, ich weiß nicht, wie ich es beschreiben soll. Ich habe hinterher Anne gefragt, was sie davon hält, und sie sagte, Gott habe zu mir geredet. Ich bin froh, daß sie das gesagt hat, denn so hat es sich tatsächlich angefühlt, aber es klingt so großspurig, zu sagen, daß Gott mit einem *redet*. Jedenfalls gab ich es, um auf Nummer Sicher zu gehen, an alle Anwesenden weiter.

Ich sagte: »Wissen Sie, ich könnte mich irren, aber ich glaube, Gott sagt zu mir, daß heute abend einige Leute hier sind, die Gott vergeben müssen.« Geriet plötzlich in Panik, als ich diese Worte aus meinem Mund kommen hörte. »Natürlich«, fuhr ich hastig fort, »kann Gott nicht wirklich etwas Falsches tun, wofür man ihm vergeben müßte, aber gerade das macht es manchmal so schwierig, nicht wahr? Ich meine – nun, es ist nicht so einfach, sich richtig mit jemandem zu streiten, der niemals irgend etwas falsch macht.« Plötzlich war mir, als wüßte ich genau, was ich sagen sollte. »Ich meine, es sind bestimmt Leute unter uns, die auf Gottes Schoß klettern wollen wie kleine Kinder und mit ihren kleinen Fäusten gegen seine Brust trommeln und schreien wollen: ›Ich hasse dich! Ich hasse dich! Ich hasse dich! Ich habe dich gebeten, mir zu helfen, und du hast mir *nicht* geholfen. Du wußtest, wie es mir ging – du *wußtest*, was ich brauchte, und du hast es mir nicht gegeben. Du sagst, du liebst mich, aber das tust du nicht! Wenn du mich lieben würdest, hättest du etwas unternommen, aber du hast nichts getan! Ich hasse dich!‹«

Plötzlich fiel mein Blick auf Gerald, dessen Augen weit aufgerissen waren vor Überraschung über das, was ich da sagte. Erinnerte mich daran, wie er ein kleiner Junge war.

»Als mein Sohn noch ganz klein war«, sagte ich und hoffte, daß es Gerald nicht stören würde, »hat er genau das ein- oder zweimal getan. Erst war er ganz wild vor Zorn, und dann, wenn er bis zur Erschöpfung gegen mich gewütet hatte, rollte er sich auf meinem Schoß zusammen und fing an zu weinen. Und wenn er dann seinen letzten Tropfen Energie ausgeheult hatte, schlief er einfach ein, und ich hielt ihn eine Ewigkeit lang fest. Und das entscheidende ist – ich glaube, das entscheidende ist, daß er diesen ganzen Wutanfall durchmachen *mußte*, um all diese üblen, stacheligen Gefühle aus sich heraus zu bringen, und das tat er am sichersten Ort, den er kannte, nämlich in meinen Armen.«

Gerald ist nicht der Typ, dem leicht die Augen feucht werden, aber ich bin ziemlich sicher, daß ich es darin glitzern sah, als ich zu ihm hinüberblickte.

Ich ließ meinen Blick über die anderen Gesichter im Raum wandern. »Gott macht es nichts aus, wenn Sie wütend auf ihn sind«, sagte ich.

Was redete ich da?

»Er ist es gewohnt, die Schuld auf sich zu nehmen. Ihm ist es sogar lieber, Sie lassen Ihre Wut an ihm aus als an irgend jemandem anderes.« Holte tief Luft. »Lassen Sie uns jetzt fünf Minuten damit verbringen – das heißt, alle diejenigen, die das Bedürfnis danach haben –, Gott von dem Groll und Zorn zu erzählen, den wir ihm gegenüber empfinden. Und alle, die dieses Bedürfnis nicht haben, können inzwischen für die anderen beten.«

Einigermaßen verblüfft über das, was ich gerade gesagt hatte, und fünf Minuten dauern ungefähr drei Tage, wenn man hundert Leute mitten in etwas, das eigentlich ein Vortrag sein soll, schweigend dasitzen läßt. Wollte dauernd die Zeit abkürzen, damit sich die Leute nicht langweilen oder einschlafen oder mich für lächerlich halten. Endlich waren die fünf Minuten um, dem Himmel sei Dank. Machte mit den Albernheiten weiter, sehr zur Erleichterung einer kleinen Gruppe von Jugendlichen, die während der »Gott-vergeben«-Pause beinahe vor Selbstbeherrschung gestorben wären.

Als ich zwanzig Minuten später aufhörte, sah ich an Eves Gesichtsausdruck, daß ich aus ihrer Sicht abgrundtief an der Aufgabe gescheitert war, die richtige evangelikale Ware abzuliefern. Und als ich einen Blick zu Brian dem Banker riskierte, konnte ich gut verstehen, warum sie so empfinden mochte. Er machte ein geradezu *grimmiges* Gesicht. Während ich mich unter gemischtem Applaus, von höflichem Klatschen bis zu begeistertem Jubel von seiten der Jugendlichen, wieder setzte, beugte er sich über den Tisch hinweg auf mich zu. Machte mich auf die Mitteilung gefaßt, daß mein Überziehungskredit für alle Ewigkeit widerrufen sei.

Er legte mir die Hand auf den Arm und sagte: »Lassen Sie mich Ihnen helfen, Ihre Bücher zu verkaufen.«

Ich schluckte schwer und sagte: »Gern – vielen Dank.«

Ging mit ihm hinüber zum Büchertisch, wo Thynn bereits die Kundschaft erwartete. Stellte Leonard Brian dem Bankmanager vor.

»Schön, Leonard, mein Freund«, sagte Brian, immer noch mit seinem grimmigen Gesicht, »wir werden jetzt alle diese Bücher verkaufen, und dazu brauche ich Ihre Hilfe. Sie reichen sie mir zu, so schnell es irgend geht, okay?«

Thynn nickte verständnislos und fragte: »Wir wollen sie *alle* verkaufen?«

»Wüßte nicht, warum nicht. Auf geht's!« Plötzlich ließ er seine Stimme gewaltig anschwellen, so daß sie den ganzen Raum erfüllte. »Entschuldigen Sie! Alle mal hierherschauen, bitte!«

So etwas habe ich noch nie in meinem Leben gesehen. Brian nahm einen Stapel Bücher in die Hand und verkaufte sie buchstäblich durch die schiere Wucht seiner Persönlichkeit. Jedesmal, wenn jemand eine Hand hob, um anzuzeigen, daß er ein Buch wollte, schleuderte er es ihm wie einen Frisbee quer durch den Raum zu und rief: »Bezahlen Sie am Tisch! Los – wer ist der nächste? Bücher des Referenten! Kaufen Sie eines, bevor sie alle vergriffen sind! Vielen Dank, Madam – vielen Dank, Sir!«

Den Leuten machte es richtig Spaß, nachdem sie einmal den Bogen heraus hatten. Jedes einzelne Buch, das wir mitgebracht hatten, wurde verkauft. Wunderbar! Thynn war in seinem Element und versorgte Brian laufend mit Nachschub an Büchern, während Gerald das Geld entgegennahm und Wechselgeld herausgab und ich jedem, der mich darum bat, sein Buch signierte. Am Ende war der Tisch mit einem Meer aus Scheinen und Münzen bedeckt. Eine solche Menge Geld hat etwas ungemein Befriedigendes an sich. Es sollte vielleicht nicht so sein, aber es ist so.

Hinterher setzte sich Brian mit mir an einen der Tische, nippte an einem Glas Wein und starrte eine Weile in die Ferne, bevor er etwas sagte. Als er mir endlich gerade in die Augen sah, empfand ich nichts als eine tiefe Furcht davor, was er sagen würde, wenn er erfuhr, daß ich vergessen hatte, meine ausgegebenen Schecks in die Liste einzutragen, und darum nicht in der Lage war, meinen Kontostand korrekt anzugeben.

»Sie fragen sich bestimmt, warum ich Ihnen geholfen habe, Ihre Bücher zu verkaufen, stimmt's?«

»Äh... nun, ja, ich denke schon – bin Ihnen natürlich sehr dankbar...«

Brian starrte wieder in die Ferne. »Als ich ein junger Mann von einundzwanzig war, hatte ich viel mit Religion am Hut – besser gesagt, mit dem Christentum, nicht nur mit Religion. Das war schon seit einigen Jahren so gewesen. Hatte mich in der Schule und auf der Uni sehr engagiert. Dann, als ich in einem Sommer von der Uni nach Hause kam, wurde meine kleine Schwester Millie, die etwa zehn Jahre jünger war als ich...«

Das starke Gesicht entgleiste ein wenig.

»Millie wurde krank, ganz plötzlich, an einem Mittwoch nachmittag – und ich meine wirklich urplötzlich. Eben noch war sie gesund wie ein Fisch im Wasser, im nächsten Moment brach sie zusammen und wurde mit dem Krankenwagen in die Klinik gebracht, mit irgend so einer – ich weiß nicht – so einer Halsgeschichte. Sie mußten sie operieren, einen Luftröhrenschnitt machen, und das schon *in* dem Krankenwagen auf dem Weg in die Klinik, wenn ich auch zu dem Zeitpunkt natürlich nicht wußte, was vor sich ging. Ich wußte nur, daß sie wirklich schlimm dran war. Ich hatte diese schrecklichen, röchelnden Geräusche gehört, die sie gemacht hatte, als sie hinaus zum Krankenwagen getragen wurde, und dann blieb ich allein im Haus zurück. Meine Mutter war mit dem Auto eines Nachbarn hinterhergefahren, um zur Stelle zu sein, wenn der Krankenwagen ankam.«

Seine volltönende Stimme war heiser vor Gefühlen.

»Ich habe meine kleine Schwester vergöttert. Voller Leben und Sonnenschein war sie. Eine echte Unschuld – sie kann in ihrem ganzen Leben zusammen wohl keine zehn Minuten lang unglücklich gewesen sein. Millie. Meine kleine Schwester. Ich wünschte mir so sehr, daß sie überleben würde. Ging hinauf in ihr Zimmer und kniete mich zwischen all ihre albernen Mädchenspielsachen – Dinge, über die sie mit ihren Freundinnen quietschte und lachte, Dinge, die ihr viel bedeuteten, und ich flehte zu Gott – wirklich, ich *flehte* ihn an – sie wieder gesund zu machen und nach Hause zu bringen. Ich weinte. Hätte schwören können, daß er mich hörte. Und ich konnte mir nicht vorstellen, daß er jemanden, in dem so wilde Gefühle tobten wie in mir, abweisen könnte. Am Ende stand ich auf, ganz ruhig, und ging hinunter, um mir eine Tasse Tee zu machen. Ich wußte, daß alles gut werden würde, wissen Sie. Gott würde mein Gebet erhören. Dann – ich werde es nie vergessen, weil der Kessel genau im selben Moment zu pfeifen begann, als das Telefon klingelte. Eine unvergeßliche Kombination. Meine Mutter rief an und sagte, daß Millie nur noch zehn Minuten überlebt hatte, nachdem sie das Krankenhaus erreicht hatte. Sie muß mehr oder weniger zur gleichen Zeit gestorben sein, als ich von meinem Gebet aufstand – meinem nutzlosen Gebet. Diese Tasse Tee habe ich nie getrunken.«

Er nippte wieder an seinem Wein.

»Danach wollte ich nichts mehr mit Gott zu tun haben – falls er überhaupt existierte. Ich hatte ihn gebeten, ja angefleht, Millie zu retten, aber er hatte es nicht getan. Warum nicht? Niemand konnte mir darauf eine Antwort geben, die auch nur halbwegs vernünftig klang, und ich war sowieso nicht besonders scharf darauf, sie zu hören. Ich haßte Gott, und ich habe seither nie aufgehört, ihn auf eine stille Art und Weise zu hassen.

Heute abend, als Sie anfingen, Ihre Sachen vorzulesen und sich über all die Dinge auszulassen, die im organisierten Christentum schief liegen, da – nun, zunächst einmal hat es mich überrascht. Ich dachte, Sie würden dieses sirupsüße Geschwafel vom lieben Jesus von sich geben, und mir war schon klar, daß ich heute abend als vierten Gang alles andere als Sirup haben wollte. Ihr Zeug schien – wie kann ich etwas beschreiben, das nicht für fünf Pfennig Sinn ergibt? Es schien so eine schmale kleine Hintertür aufzumachen, durch die ich mich vielleicht sogar auch einmal gerne zwängen würde. Und dann, als Sie zu dieser Sache mit Gott vergeben kamen

– hören Sie, ich muß Sie das fragen –, machen Sie das immer? Ich meine, ist das ein Teil Ihres Programms?»

Schüttelte den Kopf. »Habe ich noch nie gemacht. Es ist einfach so – passiert. War mir ehrlich gesagt ein bißchen peinlich.«

Brian der Bankmanager beugte sich vor und legte mir die Hand auf den Arm, wie er es schon zuvor getan hatte. »Das braucht Ihnen nicht peinlich zu sein«, sagte er ganz leise. »Wissen Sie – ich bin heute abend nach Hause gekommen. Mir ist plötzlich wieder eingefallen, wo ich wohne. Ich bin hereingetrampelt, habe versucht, ärgerlich zu werden, ein bißchen geweint, und heute nacht – heute nacht werde ich besser schlafen, als ich es seit langer Zeit getan habe.«

Erzählte Gerald und Thynn die ganze Geschichte von Brian auf dem Heimweg. Gerald nickte nur langsam, starrte aus dem Fenster und sagte nichts.

Thynn sagte: »Vielleicht gibt es am Ende doch einen Gott...«

Sonntag, 20. Februar

Mußte heute im Gottesdienst an Glander denken, als Edwin über die Feindesliebe sprach. Wie kann man jemanden lieben, wenn man ihm in Wirklichkeit die Zähne einschlagen will? Betete für ihn, weil Jesus gesagt hat, daß wir das tun sollen.

Ich sagte: »Vater, ich hasse Everett Glander, wirklich, ich hasse ihn. Ich wünschte, er würde aufhören zu existieren, nur damit ich mich besser fühle. Du hast gesagt, daß wir für unsere Feinde beten sollen, also werde ich die Zähne zusammenbeißen und das jetzt tun. Was auch immer ich von Everett halte, würdest du ihm irgendwie entgegengehen und ihm alles geben, was er braucht, und falls du noch irgendwo ein paar Wunder übrig hast, wie wäre es, wenn du einen Weg finden würdest, wie ich aufhören kann, ihn zu hassen? Vergib mir, daß ich so nutzlos bin. Amen.«

Montag, 21. Februar
Traf mich am späten Nachmittag mit Anne, Gerald und Thynn in der Stadt, um für unsere große Reise ein paar Paßfotos machen zu lassen. Selbst unter günstigsten Umständen hasse ich es, mich fotografieren zu lassen, geschweige denn in einer dieser kleinen Kabinen, wo ich nicht einmal Zeit habe, mir die Haare zu kämmen, bevor die Maschine mich viermal blendet, ob ich nun den blöden Hocker schon auf die richtige Höhe geschraubt habe oder nicht, und dann einen Streifen mit Bildern von einer außerirdischen Lebensform von sich gibt, die meine Kleider anhat.

Wir standen in einem kleinen Knäuel zusammen und warteten nervös darauf, daß unsere Bilder aus dem Schlitz an der Seite kamen. Gerald stand am nächsten, als sie endlich erschienen – nach ungefähr einer Woche. Er benahm sich höchst ärgerlich. Weigerte sich, uns auch nur einen Blick darauf werfen zu lassen, bis wir an einem Tisch im Café saßen und Tee und Krapfen vor uns stehen hatten. Dann sagte er, wir müßten erst unsere Krapfen aufessen, bevor wir die Bilder anfassen dürften, weil sie sonst ganz klebrig würden. Er mag ja erwachsen sein, aber er kann einen immer noch genauso auf die Palme bringen wie eh und je. Endlich räumte er ein wenig Platz auf dem Tisch frei und legte die vier Streifen nebeneinander hin.

»Ach du liebe Zeit«, sagte Anne.

»Tja«, meinte Gerald, »ich kann nur sagen, ich würde es mir zwei- oder sogar dreimal überlegen, bevor ich diesen Haufen in mein Land hineinlassen würde, wenn ich die Wahl hätte. Seht euch bloß an, wie wir aussehen! Mr. und Mrs. Psychopath und ihr Sohn Gerald Psychopath, begleitet vom Schrecken der Schwarzen Lagune.«

Gerald hatte völlig recht. Auf seinem Streifen sah Leonard aus wie einer von diesen Typen in amerikanischen Krimis, die ein wahnsinniges Gelächter ausstoßen, wenn sie wegen eines Formfehlers aus der Haft entlassen werden, und die von Clint Eastwood verfolgt und erschossen werden, wenn sie wieder in dunklen Gassen zuschlagen; Annes Bilder erinnerten mich an die Vogelscheuchen-Puppen, die vor ein paar Jahren der letzte Schrei waren (was ich ihr freilich nicht sagte); Gerald sah aus, als wäre er James Dean und versuchte gerade, unter starken Beruhigungsmitteln Emotionen zu zeigen; und meine wiesen eine niederschmetternd auffällige Ähnlichkeit mit einer sehr traurigen Figur namens Alfred E. Neumann auf, der immer auf der Rückseite der »Mad«-Comics erschien.

Thynn mußte natürlich wieder maßlos übertreiben, wie immer. Sagte, meine Bilder erinnerten ihn an die Gesichter nicht identifizierter Leichen, die lange Zeit im Wasser gelegen haben, wie man sie manchmal in aufgemotzten Zeitungsfotos sieht. Entzückend!

Anne meinte, das sei alles ganz egal, es sei ja nur für offizielle Dokumente.

»Wahrscheinlich hast du recht, Mama«, erwiderte Gerald. »Aber wir müssen uns der Tatsache stellen, daß, falls wir bei Tageslicht ankommen, irgendein Grenzbeamter höchst argwöhnisch werden könnte, wenn er entdeckt, daß wir nicht per Sarg reisen.«

Wechselte das Thema. Hätte ich lieber bleiben lassen sollen, denn am Ende wurde ich sehr ärgerlich. Sehr gutes Beispiel dafür, wie es meine Familie manchmal bewußt darauf anlegt, mich zu ärgern.

Ich sagte: »Anne, du weißt doch noch, daß ich dir erzählt habe, daß Percys Dach dringend eine Reparatur nötig hat?«

(Percy Brain, unser Nachbar, der früher Schauspieler war, wird allmählich ziemlich gebrechlich und kann kaum noch laufen, geschweige denn auf Leitern klettern.)

»Oh ja«, sagte Anne.

»Also, heute morgen, während du unterwegs warst, habe ich bei uns in der Garage nach einem Werkzeug gesucht, das schlichtweg vom Erdboden verschluckt zu sein scheint – *Gerald* –, und dabei bin ich auf diese Schindeln gestoßen, die wir noch übrig haben, seit wir unser Dach erneuert haben, also dachte ich mir, ich hole die Leiter heraus und lege sie ihm auf.«

»Oh, gut, da wird sich Percy aber freuen. Er haßt den Gedanken, daß um ihn her alles zusammenbricht. Dann hast du ihm also das Dach repariert, ja?«

Schüttelte den Kopf. »Na ja, nicht so richtig. Als ich oben war, sah ich, daß das Dach in einem viel schlechteren Zustand war, als ich von unten hatte sehen können. Ich habe das Beste aus dem gemacht, was ich hatte, aber wenn ihr mich fragt, muß das ganze Ding ersetzt werden. Die Mühe hat eigentlich kaum gelohnt. Ich hatte nur genug Schindeln, um ein oder zwei Löcher zu flicken.«

Anne nickte mitfühlend.

Thynn machte ein dummes Gesicht.

»Tja, das hast du nicht ausreichend überdacht«, meinte Gerald.

Warum nur, so habe ich mich seit diesem Augenblick den ganzen Tag über gefragt, brachen Anne und Leonard, wie auch Gerald selbst, auf diese Bemerkung hin in schallendes Gelächter aus? Warum? Sind sie alle drei verrückt geworden? Ich bat sie, mir zu sagen, was denn so witzig sei, aber sie weigerten sich rundheraus. Sagten, ich müsse nur mal überlegen, dann würde ich verstehen, was sie zum Lachen gebracht habe. Nun, ich habe überlegt – aber ich verstehe es immer noch nicht!

DAS HAST DU NICHT AUSREICHEND ÜBERDACHT

Da ist er – dieser ihrer Meinung nach so umwerfende Witz. Sie sagen es immer wieder und kichern dann. Warum, wenn es doch nicht witzig ist? Ich habe versucht, Percys Dach mit meinen paar Schindeln zu reparieren, und Gerald hat gesagt, ich hätte es nicht ausreichend überdacht.

WARUM IST DAS WITZIG?

Wenn es mir nicht bald einer von ihnen erklärt, werde ich all meine liebsten Habseligkeiten in ein gepunktetes Taschentuch am Ende eines Stockes knoten und mein Zuhause verlassen – das werde ich wirklich tun.

Dienstag, 22. Februar

Komisch, wie Dinge, die einem Sorgen machen, sich gegenseitig Konkurrenz machen wie Bücher auf dem Buchmarkt, nicht wahr? Angeführt wird das Feld auf der Adrian-Plass-Bestsellerliste von dem haushohen Favoriten, Vlads Kinderandacht, dicht gefolgt von

Everett Glanders Existenz, während »Was ist witzig an ausreichend überdacht« mächtig aufholt und die Neuerscheinung, Geralds Zukunft, sich auf dem vierten Platz zu behaupten sucht.

Mittwoch, 23. Februar

Heute traf sich meine Unterstützergruppe hier, um für das Wochenende zu beten, an dem Anne, Gerald, Leonard und ich zu zwei Veranstaltungen nach Schottland fahren.

Die Gruppe ist seit unserem ersten Treffen ein bißchen gewachsen. Heute waren da: Edwin Burlesford, Stephanie Widgeon, eine ziemlich dünne Frau in mittleren Jahren mit hellen, ausdruckslosen Augen, die erst vor ein paar Monaten in diese Gegend gezogen ist, Leonard Thynn, Gloria Marsh, Richard und Doreen Cook und natürlich Anne und Gerald.

Ließ meinen Blick über ihre Gesichter schweifen, als sie alle in unserem Wohnzimmer saßen. Sie sind ein guter Haufen, wenn auch ziemlich – na ja, real. Konnte den heimlichen Wunsch nicht unterdrücken, ich wäre von reifen geistlichen Riesen mit weisen Gesichtern umgeben, die einen stillen, aber mächtigen Segen in meine Richtung abstrahlen, während ich mich wacker darauf vorbereite, mein Innerstes für andere herzugeben. Ich bin sicher, in Billy Grahams Unterstützergruppe hat niemand auch nur entfernte Ähnlichkeit mit Leonard Thynn, der heute abend eine dieser Scherzbrillen trug, mit Augäpfeln, die an einer Feder herausfallen, wenn man sich vorbeugt. Warum? Ich meine – warum?

Thynn kann mich manchmal wirklich in Rage bringen. Heute abend fing ich an, im Rahmen meiner »Berichterstattung« von einem Gespräch zu erzählen, das ich in Derby mit einer Dame gehabt hatte, die nach der Veranstaltung auf mich zugekommen war. Freute mich ziemlich darauf, gerade von dieser Begegnung zu erzählen, weil sie so ein bißchen wie eine Episode aus einem dieser zeugnishaften Bücher verlief. Hatte vor, die Geschichte so zu erzählen, daß deutlich wurde, wie wunderbar ich gewesen war, und dann damit zu schließen, daß ich betonte, daß das alles natürlich eigentlich von Gott bewirkt worden war. Auf diese Weise kann man angeben und gleichzeitig demütig sein. Thynn machte alles zunichte.

Gab mir alle Mühe, die Spannung aufzubauen. Ich sagte: »Die arme Frau war in Tränen aufgelöst, bevor ich mit ihr sprach, aber als sie sich angehört hatte, was ich zu sagen hatte, ging plötzlich die Sonne auf –«

»Habt ihr euch denn die ganze Nacht lang unterhalten?«

Kurze Pause, während alle sich Thynn zuwandten.

Ich sagte: »Wie bitte, Leonard?«

Er blickte verwirrt drein und sagte: »Tut mir leid, du sagtest nur, daß plötzlich die Sonne aufging, und da habe ich gedacht, daß ihr wohl die ganze Nacht über geredet haben müßt. Oder was?«

Gerald amüsierte sich natürlich königlich. Geschichte ruiniert.

Als wir zur Gebetszeit kamen, gestand ich, daß ich einigermaßen nervös wegen dieser beiden Veranstaltungen oben im Norden sei, und bat die Gruppe, besonders dafür zu beten, daß ich bei meiner Vorbereitung die Stimme Gottes deutlich hören würde. Stephanie Widgeon, mit der ich noch nie viele Worte gewechselt hatte und die heute abend zum ersten Mal dabei war, beugte sich nikkend mit einem vielsagenden Lächeln vor und sagte: »Adrian, ist dir jemals der Gedanke gekommen, daß die Kirche nicht nur ein Gebäude aus Ziegelsteinen und Mörtel ist?«

Ich sagte: »Ja, durchaus. Warum?«

»Ich glaube, die Kirche besteht aus den Leuten, meinst du nicht?«

»Ja.«

Wartete auf die Pointe, aber es kam keine. Stephanie lehnte sich in ihrem Sessel zurück, schüttelte staunend den Kopf und biß sich auf die Unterlippe, wie um die Ekstase zu zügeln, die sie empfunden hatte, als sie diese erschütternde Offenbarung weitergegeben hatte. Offensichtlich hatte sie das Gefühl, daß dies ein bedeutender geistlicher Augenblick gewesen war. Vielleicht war es ja auch so. Alle anderen machten ziemlich verdutzte Gesichter. Seltsam...

Die Gebetszeit wurde zunächst einmal durch Norma Twill unterbrochen, die vorbeikam, um etwas für Anne abzugeben. Sie steckte ihren Kopf durch die Tür, kurz nachdem alle ihre Köpfe gesenkt hatten. Wäre alles nicht schlimm gewesen, nur daß der blöde Thynn, der mit dem Gesicht zur Tür saß, gerade, als sie hereinkam, den Kopf hob und sie in lautes Geschrei ausbrach, als sie sah, wie seine Augäpfel scheinbar aus den Augenhöhlen hingen.

Warum…?

Wollte gerade hinausgehen, um die arme Norma zu trösten, aber Anne erwischte mich hinten an den elastischen Hosenträgern unter meinem T-Shirt und katapultierte mich zurück auf meinen Sitzplatz.

Recht gute Gebetszeit, nachdem wir uns erst einmal wieder beruhigt hatten. Schön, zu spüren, wie all diese Leute Anteil daran nehmen, was mit mir geschieht. Natürlich beteten wir für Schottland und auch für eine Veranstaltung am vierten März, zu der Richard mich zu fahren versprochen hat. Fragte, ob irgend jemand vom Herrn etwas über die Kinderandacht gehört hätte – hatte aber auch diesmal keiner.

Die Gebetszeit wurde ein wenig getrübt durch ein ziemlich beunruhigendes Gebet von Doreen Cook gegen Ende. Ich weiß nicht, was im Moment mit mir los ist.

Sie sagte: »Herr, wir bitten dich, daß Adrian – anfechtbar, schwach, unzulänglich, unfähig und völlig ohne Stärke und Talent in den Augen der Welt –, wenn er vor diesen vielen Reihen von furchterregenden, abschätzigen, kritischen Gesichtern aufsteht und sich sein Magen in Wasser verwandelt, wenn er das Gefühl hat, daß seine zitternden Beine ihn nicht lange genug tragen werden, um seine unwürdige Botschaft vorzutragen – daß er, wenn er da oben steht, Herr, die allgegenwärtige Möglichkeit vergißt, seine Zuhörer könnten unruhig werden, ihn mit Obst bewerfen, ihm spöttische Bemerkungen zurufen und ihn schließlich ausbuhen und von der Bühne jagen und vielleicht sogar verfolgen, um ihm körperliche Gewalt anzutun. Schenk ihm Ermutigung, Herr, durch das Wissen, daß selbst, wenn ihm die Furcht den Magen herumdreht und er zutiefst gedemütigt wird und er den grauenhaften Schmerz einer stählernen Stiefelspitze an seiner Schläfe erfährt, all das ohne Bedeutung ist, solange auch nur eine einzige Person aus seinen Worten eine kleine Ermutigung erfahren hat. Ja, wenn er auch mit Ziegelsteinen und Bleirohren systematisch zu Tode geprügelt wird, laß sein Herz voll Freude und Dankbarkeit sein! Amen.«

»Ich wette, du kannst das Wochenende kaum erwarten, Paps«, murmelte mir Gerald ins Ohr.

Plötzlich merkte ich an Richard Cooks konzentriertem, angestrengtem Gesichtsausdruck, daß er entweder versuchte, Blähungen zu unterdrücken, oder im Begriff stand, ein »Bild« zu empfangen. Gerald meinte, die Blähungen wären ihm lieber gewesen.

»Gott hat mir ein Bild gegeben«, sagte Richard in dem salbungsvollen, deklamatorischen Tonfall, dessen er sich bei solchen Gelegenheiten befleißigt. »Ich sehe eine große Schar Menschen jeden Alters auf einem Hügel, und siehe, sie singen und sind voll großer Freude über einen, der sie sehr erfrischt hat...«

»Das ist entweder Graham Kendrick an der Spitze eines Jesus-Marsches oder eine Coca-Cola-Werbung«, flüsterte Gerald.

»Und siehe, ich sehe den, der diese Freude gebracht hat, und sein Name – sein Name ist – Gordon Stillsby.«

Kurze, verwirrte Pause.

»Gordon Stillsby?« echote Gloria Marsh endlich und blickte überrascht auf. »Wer ist Gordon Stillsby? Ich dachte, du würdest sagen, sein Name ist Adrian Plass. Ich kenne niemanden, der Gordon Stillsby heißt. Es gibt doch keinen Gordon Stillsby in unserer Gemeinde, oder, Edwin? Gordon Stillsby...«

Daraufhin degenerierte die Gebetsgemeinschaft zu einer Diskussion darüber, wer dieser mysteriöse Gordon Stillsby sein könnte. Richard behauptete, den Namen noch nie gehört zu haben, bevor er ihm eben gerade geoffenbart worden sei, und Doreen fragte sich, ob vielleicht Gordon Stillsby mein geistlicher Name sei (was immer das bedeuten mag), und vielleicht sollte ich mich Gordon Stillsby nennen, wenn ich als Verkündiger auftrete. Dies löste bei Anne einen schüttelnden Lachkrampf aus, und wir mußten alle mitlachen, dem Himmel sei Dank. Edwin deutete behutsam an, daß Richard sich vielleicht ein wenig habe hinreißen lassen, und Richard gab zu, daß das möglich sei, da Satan selbst die Auserwählten zu täuschen vermöge. Ich hoffte, daß die Sache damit ausgestanden sein würde, und das war sie auch, nur daß Gerald es sich nicht nehmen ließ, mich für den Rest des Abends zu nerven, indem er mich Gordon nannte.

Wünschte, ich würde einen Weg finden, zu verhindern, daß ich immer im ungeeignetsten Augenblick rot werde. Sehr peinlicher Moment, als alle aufbrachen. Gloria Marsh, die, denke ich, von einem rein objektiven Gesichtspunkt aus betrachtet, attraktiv konstruiert ist, war für mich nie etwas anderes als eine Schwester im Herrn, trotz aller diesbezüglichen albernen Kommentare und spitzen Bemerkungen von Gerald und Anne in der Vergangenheit. Sie ging als letzte und stand in der Diele *sehr* nah bei mir. Nachdem wir uns verabschiedet hatten, fügte sie hinzu: »Ich wollte noch sagen, Adrian, falls du mal an einem Abend jemanden von vorn als Anheizer brauchst, bin ich sehr gern bereit, dir entgegenzukommen.«

Spürte, wie mir das Gesicht leuchtend rot anlief, und stieß ein lächerliches kleines blökendes Lachen aus. Warum konnte ich nicht einfach sagen: »Vielen Dank, ich komme gern bei Gelegenheit darauf zurück«? Anne und Gerald sahen beide, wie mir das Gesicht in Flammen aufging. Spürte ihre Blicke wie Dolche in meinem Rükken, während ich hinter Gloria die Tür schloß. Anne sagte nichts hinterher. Hob nur eine Augenbraue, als wolle sie andeuten, es sei vielleicht an der Zeit für uns, in getrennten Betten zu schlafen.

Nachdem Anne zu Bett gegangen war, sagte Gerald: »Ich habe nachgedacht, Gordon.«

»Nenn mich nicht Gordon«, erwiderte ich. »Worüber?«

»Na, du kennst doch ›Laßt Gott herniederfahren und Wunder des Wachstums wirken!‹, nicht?«

»Das christliche Festival, ja.«

»Und du kennst doch auch Gloria?« – »Hmmm... ja.«

»Nun ja, falls Gloria jemals bei ›Laßt Gott herniederfahren und Wunder des Wachstums wirken‹ – wie sagte sie? – ›von vorn anheizen‹ würde...«

Seufzte schwer. »Sprich nicht weiter, Gerald.«

»Nun ja, dann wüßte ich, wo sie das machen müßte.«

»Und wo wäre das?«

»Im Big-Top-Zelt.«

»Gerald«, sagte ich, »dieser Witz war flach, sexistisch und nicht im geringsten komisch.«

»Tut mir leid, Gordon«, erwiderte er.

Donnerstag, 24. Februar

Zog am frühen Abend mit Gerald auf ein Bierchen los, um Anne Gelegenheit zu geben, die letzten Dinge für Schottland einzupakken. Nachdem wir unser zweites Glas bekommen hatten, sagte ich zu ihm, so beiläufig ich konnte:

»Also, wie stellst du dir die Zukunft vor?«

»Wie ich mir die Zukunft vorstelle?«

»Ja.«

»Willst du wirklich wissen, wie ich mir die Zukunft vorstelle?«

»Ja.«

»Na dann, also schön, ich denke, ich stelle mir die Zukunft als eine wirklich sehr ausgedehnte Zeitspanne vor, die an der vorderen Kante der Gegenwart beginnt, gar nicht weit entfernt von der Vergangenheit. Ich schätze, es gibt guten Grund zu der Annahme, daß jeder Moment der Zukunft zu seiner Zeit zur Gegenwart werden wird und daß sich wiederum alle jene Momente zu *ihrer* Zeit verbinden werden, um die Vergangenheit zu bilden. Und wie stellst du dir die Zukunft vor?«

Merkte, daß ich nur meine Zeit vergeudete.

Geralds Zukunft hat sich auf den dritten Platz vorgekämpft, und mit jedem Tag, der vergeht, arbeitet er sich weiter vor auf der Bestsellerliste.

Freitag, 25. Februar

Schreibe dies im Auto auf dem Weg nach Schottland.

Heute morgen in aller Frühe mit Anne, Gerald und Thynn losgefahren. Liebe es, wenn wir früh aufbrechen. Wollen heute abend irgendwo Station machen und den Rest des Weges bis zu unserem Hotel in Edinburgh morgen in Angriff nehmen. Gerald, der nichts von diesem ganz einfachen, vernünftigen Plan wußte, lachte und meinte, solange er fahre und nicht ich, könnten wir mit Leichtigkeit heute abend am Ziel sein.

War ein bißchen verärgert. Fragte ihn, was denn so falsch sei an meiner Fahrweise?

Er sagte: »Na ja, nicht viel, wenn man Kleinigkeiten außer acht läßt, wie etwa deine Neigung, einen Gang herunterzuschalten, wenn die Autobahn eine Biegung macht.«

Absoluter Blödsinn! Ich bin kein langsamer Fahrer. Sagte nur zu ihm, daß ich, wenn er uns bis sechs Uhr ins Hotel bringt, gleich nach unserer Ankunft im Foyer zehn Liegestützen mache und dazu »Three Blind Mice« singe.

Völlig zuversichtlich, daß sechs Uhr unmöglich zu schaffen ist.

18.15 Uhr.

Ich bin unaussprechlich erleichtert, daß wir nur eine Nacht lang in diesem Hotel bleiben. Ich werde bis zu unserer Abreise nicht mehr aus meinem Zimmer kommen.

Samstag, 26. Februar

Sehr schöne Veranstaltung heute abend. Die Leute kamen lächelnd in den Saal und lächelten und lachten bis zum Ende. Leider lachten etliche von ihnen auch während der bewegenden Abschnitte. Aber sei's drum, das bin ich gewöhnt, und es war alles in allem ein sehr wohltuender Abend.

Mußte hinterher einen Kunden vor Thynn retten. Leonard half beim Verkauf meiner Bücher und verhandelte gerade mit einem älteren Herrn, als ich nach hinten kam.

»Gibt es von Adrian ein geeignetes Buch«, fragte der wackelige, weißhaarige Mann gerade, »für eine Krankenschwester mittleren Alters in Hongkong, die früher eine eifrige Christin war und gerade wieder neues Interesse entwickelt, vor einem Jahr geschieden wurde, ein leidenschaftlicher Basketball-Fan ist und eine irrationale, aber tief verwurzelte Furcht vor Bakelitprodukten aus der Vorkriegszeit hat?«

Der blöde Thynn raffte einfach meine drei Bücher zusammen, hielt sie dem Mann hin und sagte: »Ja, Adrian hat alle drei besonders für solche Leute geschrieben. Das macht vierzehn Pfund und siebenundneunzig Pence, bitte.«

Rettete den Mann vor Thynns empörenden Verkaufstechniken.

Bakelitprodukte der Vorkriegszeit?

Übernachten in einer Pension, wo die Bediensteten mich zur Abwechslung einmal nicht als ausgesprochen traurige Figur betrachten.

Sonntag, 27. Februar

Ein Tag frei, nachdem wir heute morgen hier in der Kirche waren.

Verbrachten eine herrliche Zeit mit Herumstöbern und Entspannen. Heute und morgen übernachten wir in einem Ferienhäuschen hoch oben auf einem Hügel, das uns ein Mitglied der hiesigen Gemeinde zur Verfügung gestellt hat. Wunderschöne Lage.

Wir schlafen alle nebeneinander in einer Art Schlafsaal, den man über eine hölzerne Außentreppe erreicht. Muß ein sehr angenehmes Plätzchen zum Übernachten sein, nur daß man, wenn man auf die Toilette will, die Tür des Schlafraumes entriegeln, über die Außentreppe hinuntersteigen, die Vordertür der Hütte aufschließen, zur Toilette gehen, die Vordertür wieder hinter sich abschließen, die Treppe hinaufsteigen, in den Schlafraum zurückkehren und die Tür wieder hinter sich verriegeln muß. Gerald hat gerade vorgeschlagen, daß wir den Eimer benutzen, der offenbar eigens zu diesem Zweck hier oben hergestellt wurde, aber – nun ja, es ist einer dieser laut scheppernden Metalleimer, und ich – könnte es einfach nicht. Ging extra noch einmal zur Toilette, bevor ich mich hinlegte.

Zu müde, um heute noch mehr zu schreiben.

Montag, 28. Februar

23.45 Uhr

Endlich zurück in der Hütte nach der letzten Veranstaltung unserer kleinen Tour. Kann kaum über die Ereignisse der letzten Nacht schreiben, ohne daß die Panik und die Furcht mit aller Macht zurückkehren.

Es hätte eine gute, ruhige Nacht hier oben in unserem Schlafsaal werden sollen.

Schlief sehr schnell ein, nachdem ich noch in mein Tagebuch geschrieben hatte, wurde jedoch in den frühen Morgenstunden von einer Stimme in der Ferne geweckt, die rief: »Hilfe! Hilfe! Helft mir!«

Sprach ein rasches Gebet um Gottes Schutz und beugte mich hinüber zum nächsten Bett, um Anne zu wecken. Sie war nicht da! Plötzlich wurde mir klar, daß es Anne sein mußte, die da um Hilfe rief. Warf meinen Bademantel über und stürmte mit Volldampf zur Tür. Wünschte, ich hätte gewußt, was mit Anne passiert war, bevor ich durch diese Tür ging.

Später erzählte mir Anne, sie sei gegen zwei Uhr morgens aufgewacht und habe beschlossen, die Treppe hinunter ins Haus zu gehen, um die Toilette zu benutzen, doch sie habe vergessen, das Außenlicht einzuschalten, bevor sie den Schlafraum verließ. Sie stieg im Dunkeln die Holztreppe hinunter, vergaß dabei jedoch auch, daß die Treppe etwa auf halber Höhe einen Knick nach links machte, ging geradewegs über den Rand hinaus und fiel ungefähr zwei Meter hinab auf den felsigen Boden.

Ich vergaß ebenso, das Außenlicht einzuschalten. Der einzige Unterschied zwischen Annes Erlebnis und meinem war, daß ich die Treppe hinab*sprintete* und vergaß, daß sie einen Knick nach links machte. Bin nicht einfach hinuntergefallen. Ich startete durch, so ungefähr wie ein Skispringer. Landete ein gutes Stück hinter Anne, die zutiefst erschrocken sein mußte, als eine schattenhafte Gestalt mit wehenden Rockschößen über ihr durch die Luft schoß.

Am Ende krochen wir beide stöhnend und ächzend vor Schmerz in der Dunkelheit umher. Erfuhren später, daß Gerald und Thynn unsere erbärmlichen Schreie hörten, die aus weiter Ferne zu kommen schienen, und dachten, es ginge ein Axtmörder oder so etwas um – also verriegelten sie die Tür! Die Mühe, in unseren Betten nachzusehen, machten sie sich nicht. Na prächtig!

Schließlich fanden wir den Weg ins Haus und leisteten einander erste Hilfe. Dösten den Rest der Nacht vor uns hin.

Zu meiner Veranstaltung heute abend mußte ich bedeckt mit Pflastern, Schrammen und Verbänden auf die Bühne steigen, um von meinem siegreichen Wandel in Christus zu erzählen. Bemerkte, daß die Leute den Bericht darüber, wie ich zu meinen Verletzungen gekommen war, viel witziger fanden als alles andere, was ich sagte. Hat mich zuerst ziemlich geärgert, aber als ich später mit den Leuten redete, merkte ich, daß es offenbar sehr liebenswert und bescheiden wirkt, wenn man Geschichten erzählt, in denen man selbst nicht gut wegkommt. Anne hat recht – ich werde die Geschichte im Programm behalten.

Heute erreichte mich ein Brief mit der Aufschrift DRINGEND von Stephanie Widgeon. Sie sagt darin, es sei ihr offenbart worden, daß die Kirche in Wirklichkeit aus den Leuten bestehe und nicht aus einem Gebäude, und sie meine, daß ich das sofort erfahren müsse. Komisch, ich dachte, das hätte sie schon beim Treffen der Unterstützergruppe gesagt. Seltsam...

Morgen geht's heim!

Dienstag, 1. März

Warum ist die Welt der Fernstraßen so besessen vom Frühstücken? In einer der Raststätten, an denen wir hielten, gab es das »Füll-dich-ab-Farmhaus-Frühstück«, das »Texas-Bullendrücker-Frühstück«, das »Super-Duper-Dreifach-Frühstück«, das »Guinness-Weltrekord-Bauchbomben-Frühstück« und das »Total-tolle-Tornado-Teller-Frühstück«.

Bestellte ein kleines Stück trockenen Toast und ein Täßchen schwachen Tee.

Die Kellnerin, die nicht viel älter als zwölfeinhalb gewesen sein kann, entgegnete gleichgültig: »Sie meinen, Sie möchten unser ›Mississippi-Sonnenschein-Floß-Frühstück‹.«

»Mir ist egal, wie Sie es nennen«, erwiderte ich, »solange ich für den Namen nicht bezahlen muß.«

Kamen heute abend spät zu Hause an. Wir waren alle ein bißchen genervt.

Kein Wunder, nachdem wir die vorletzte Nacht kaum geschlafen haben.

Ein Axtmörder! Ich bitte Sie...

Trotzdem lief die Reise im großen und ganzen gut. Thynn brachte uns fast während der ganzen Rückfahrt in Verzweiflung, indem er einen schlechten Schottenwitz nach dem anderen erfand. Sagte ihm, wenn er jetzt, wo wir zurück sind, nicht damit aufhört, werde ich seinen Körper der medizinischen Forschung zur Verfügung stellen, noch bevor er stirbt. Ein grauenhaftes Beispiel:

Frage: Was macht ein Schotte, wenn er eine Fliege in der Suppe hat?
Antwort: Er fischt sie heraus und sagt: »Sofort ausspucken!«

Es sind schon Leute aus geringerem Anlaß umgebracht worden.

Mittwoch, 2. März
Schla-a-a-a-a-a-a-a-a-a-a-a-a-a-a-a-a-a-a-a-a-a-a-a-a-fen.

Donnerstag, 3. März
Eine Menge Leute schicken uns ihre Familienrundbriefe, und viele davon finde ich sehr nett, aber wenn sie so ausfallen wie der, der heute morgen ankam, fühle ich mich regelrecht eingeschüchtert. Zeigte ihn Gerald, der Würgegeräusche von sich gab, nachdem er ihn gelesen hatte.

Liebe(r) ____________________ (Bitte eigenen Namen einsetzen),
Es ist kaum zu fassen, daß schon ein ganzes Jahr vergangen ist, seit unser letzter Rundbrief auf die Post ging. Wieviel ist doch seither geschehen! Jeder von uns hat Veränderungen erlebt, angefangen bei der Jüngsten.

NAOMI (5 JAHRE)

Die kleine Naomi war während der letzten zwölf Monate geistlich lebendiger als je zuvor. Alle vier tragen wir jetzt die Wundmale des Herrn. Außerdem ist sie sehr aufgeweckt, aber Rebecca und ich sind darauf bedacht, daß sie in ihren schulischen Leistungen nicht über Gebühr angestachelt wird. Sie soll auf jeden Fall erst ihr erstes Schuljahr abschließen, bevor sie in den Leistungskurs Mathematik einsteigt, und vor ihrem siebten Geburtstag kommen auch Klavierkonzerte auf dem Kontinent nicht in Frage.

Naomi engagiert sich weiterhin eifrig in dem Schülerbibelkreis, den sie letztes Jahr in der Vorschule gegründet hat, und ist sehr ermutigt dadurch, daß sie kürzlich ihren jüdisch-orthodoxen Schuldirektor und mehrere Mitarbeiter der Schule (darunter der Hausmeister und drei Küchenhilfen) persönlich zu Christus führen durfte.

Zu Naomis außerschulischen Aktivitäten gehört ein Schachkursus am Montag (indem sie ihn unterrichtet, verdient sie sich ihr eigenes Taschengeld), angewandte Thermonukleardynamik am Dienstag, Basketballtraining mit anderen Mitgliedern der Bezirksmannschaft am Donnerstag und jeden Freitagabend einen Einsatz mit der Gulaschkanone im East End. Typisch für Naomi, daß sie sich selbst aus Lehrbüchern Judo und Karate bis zum Schwarzgurt-Niveau beigebracht hat, bevor sie sich auf diese möglicherweise gefährliche Tätigkeit einließ.

Naomi ist mit Abstand das beliebteste Mädchen in ihrer Klasse und wurde in der Gemeinde dieses Jahr zur »Miß Junge Demut« gewählt, obwohl sie sich weigerte, den Preis entgegenzunehmen, weil sie meinte, sie sei eine unwürdige Gewinnerin. Dieser Akt reinster Selbstlosigkeit führte dazu, daß sie für den Preis des *Demütigsten Gemeindegliedes von allen* nominiert wurde, den sie dann auch gewann und anzunehmen beschloß, weil sie das Gefühl hatte, es wäre lieblos, unhöflich und auf subtile Weise eitel, ihn abzulehnen.

Bitte betet mit Rebecca und mir, daß Naomi lernt, sich selbst von Zeit zu Zeit an die erste Stelle zu setzen. Ihre Unfähigkeit dazu ist ihr größter Fehler.

JOSHUA (16 JAHRE)

Joshua hat dieses Jahr fünfzehn Einser in Schulprüfungen und neun Geistesgaben errungen, darunter Soziologie und Prophetie (wonach man dem Apostel Paulus zufolge am meisten streben soll – nach der Prophetie, nicht der Soziologie). Während der nächsten zwei Jahre möchte er das Wort des Herrn ins kommunistische China tragen und sein Abitur machen.

Seine Sommerferien verbrachte Joshua damit, mit einer Gruppe von Freunden Guatemala zu bekehren, ein funktionstüchtiges Modell von Apollo 3 in Originalgröße aus Strohhalmen zu bauen und die fünf kantonesischen Dialekte zu üben, in denen er sich inzwischen praktisch fließend verständigen kann.

Freilich bleiben auch bei Joshua gelegentliche Reibereien nicht aus. Als typischer eigensinniger, rebellischer Sechzehnjähriger hat er sich mehrere Male heimlich in sein Zimmer geschlichen, um noch ein paar Stunden für die Schule zu lernen, obwohl er wußte, daß er hinten im Gartenparcours an seinem Dressurritt hätte arbeiten müssen, um sich auf die Olympischen Spiele vorzubereiten. Mehr als einmal ist er sogar völlig aus dem Haus verschwunden, nur um dann schuldbewußt dabei ertappt zu werden, wie er für eine alte Dame, die zwei Häuser weiter wohnt, Einkäufe erledigte oder stundenlang bei ihr saß und ihr vorlas, nachdem er ihr das Abendessen zubereitet und serviert hatte. Als Rebecca und ich ihn behutsam darauf hinwiesen, daß wir nicht immer tun können, wonach uns der Sinn steht, bat uns Joshua um Vergebung und spendierte als Wiedergutmachung allen Häusern in der Straße einen neuen Anstrich. Rebecca und ich sind sicher, daß er letzten Endes schon wieder auf den richtigen Weg kommt.

Sowohl Oxford als auch Cambridge haben sich darum beworben, Joshua in zwei Jahren aufzunehmen, und wahrscheinlich wird er hochfliegen (sobald seine Pilotenlizenz ausgestellt ist) und sich beide Universitäten anschauen, bevor er eine Entscheidung trifft. Bitte betet für Joshuas Minderwertigkeitsgefühle, wenn er sich jetzt darauf vorbereitet, mit seinen Mitschülern und ihrer unvermeidlichen Abhängigkeit von ihm während der bevorstehenden Oberstufenzeit richtig umzugehen.

REBECCA

Rebecca hat nach wie vor Freude an der Herstellung von Marmelade, Brot, Kuchen, Wein, Kompott, gehäkelten Bettdecken, kleinen Tierfiguren aus Salzteig, Trockenblumensträußen, gestrickten Strampelhosen, Transparenten und Kniekissen für unsere Gemeinde und Mahlzeiten für gebrechliche Menschen, die ihre Wohnungen nicht mehr verlassen können.

Dieses Jahr hat sie ihren ersten Roman abgeschlossen, eine erfolgreiche Ausstellung ihrer Ölgemälde gezeigt und den dritten Abschluß an der Offenen Universität erlangt, und sie kümmert sich weiterhin ganz allein um unseren zwölf Morgen großen Ziergarten, soweit ihre Pflichten als Mutter, Ehefrau, Hobby-Bienenzüchterin, semiprofessionelle Fotografin, Stadträtin, Gefangenenbetreuerin, freiwillige Krankenpflegerin, Hauptdarstellerin der Amateur-Theatergruppe, Schatzmeisterin des Damen-Tennisclubs, Mitglied des Bezirksrates und Präsidentin des Weltverbandes der Frauen gegen Armut es zulassen.

Rebecca ist gegenwärtig auf der Suche nach einer neuen Herausforderung, um die Freizeit auszufüllen, die ihr, wie so vielen anderen nicht berufstätigen Müttern, so schwer auf den Schultern lastet. Nächstes Jahr möchte sie zusätzlich zu ihren gegenwärtigen Aktivitäten als Aushilfspolitesse arbeiten, für einen Sitz im Parlament kandidieren, allein in einem Boot um die Welt segeln und eine Methode finden, Stachelbeeren einzumachen, ohne daß das ganze Aroma verloren geht.

Bitte betet, daß Rebecca ein besseres Selbstwertgefühl in Gegenwart anderer Frauen entwickelt.

SIMON

Simon hat einen Großteil dieses Jahres damit verbracht, den Willen des Herrn für sein Leben zu erforschen, und er sehnt sich danach, ihm noch konkreter dienen zu können. Freilich gab es nur wenig Raum für eine Erhörung dieses Gebets, da Simons Zeit die ganzen zwölf Monate hindurch mit Ablenkungen ausgefüllt war, nicht zuletzt, als er fünfundzwanzig Konvois zu je dreißig Lastwagen in hilfsbedürftige osteuropäische Länder führte. Das nahm den größten Teil des Sommers in Anspruch.

Im Herbst winkte die Möglichkeit, daß Simon Zeit finden würde, um sich auf seine Suche nach Führung zu konzentrieren, doch auf dem Rückflug von einer erstaunlich erfolgreichen Geschäftsreise nach Hongkong stürzte seine Maschine über dem Pazifik ab, und Simon, der als einziger überlebte, schwamm ans Ufer einer Insel, die von primitiven Eingeborenen bewohnt war, die noch nie das Evangelium gehört hatten. In den zwei Monaten, die Simon auf der Insel festsaß, schaffte er es, die Sprache der Eingeborenen zu erlernen, eine geschriebene Version der Sprache zu entwerfen und einen großen Teil des Neuen Testaments (aus dem Gedächtnis) in eine Form zu übersetzen, die für die Inselbewohner verständlich war.

Die Folge war, daß sämtliche Bewohner der Insel Christen wurden, und viele von ihnen machten sich in Kanus auf den Weg, um die gute Nachricht zu Tausenden anderer primitiver Völker zu tragen, die auf Inseln in jenem Teil des Pazifiks leben.

Simon wurde schließlich von einem vorüberfahrenden Schiff aufgenommen, das »Dreckschaufel« hieß, als es vor der Insel festmachte, aber in »Erlöst« umgetauft worden war, als es Portsmouth erreichte. Simon kam im neuen Jahr nach Hause, frustriert von all diesen Verzögerungen, doch entschlossen wie eh und je, herauszufinden, ob der Herr nicht eigens und nur für ihn eine Aufgabe hat.

Im Februar zog er sich in ein Kloster in Wales zurück und hatte gerade den Eindruck, endlich weiterzukommen, als eines Nachts das Gebäude Feuer fing und Simon zweiundzwanzig Mönche rettete, deren Schweigegelübde sie daran hinderten, um Hilfe zu rufen.

Nach dem Feuer blieb Simon noch einige Wochen bei den Mönchen in Wales, half beim Wiederaufbau des Klosters und erzählte den Brüdern von dem neuen Leben im Geist, das allen Christen verheißen ist. Alle zweiundzwanzig machten infolgedessen einen neuen Anfang mit Christus, und der Abt versprach, die gute Nachricht in dem weltweiten Orden, zu dem sie gehörten, zu verbreiten.

Somit kehrte Simon ohne die Führung, nach der er gesucht hatte, zurück, und hofft sehr, daß es im nächsten Jahr dem Herrn gefallen möge, ihm eine wirklich herausfordernde Aufgabe zu geben.

Bitte betet, daß Simon die Kraft finden möge, Ablenkungsmanöver des Bösen zu ignorieren, wenn sie auftauchen, und entschlossener und intelligenter auf die Ziellinie zuzulaufen.

Das wäre für diesmal alles von dieser ganz gewöhnlichen christlichen Familie. Bis nächstes Jahr!

Eure
Simon, Rebecca, Joshua und Naomi.

P. S.: Sonst haben wir immer ein paar handgeschriebene Worte hinzugefügt, damit der Brief persönlicher wird, aber unsere Zeit gehört dem Herrn, nicht uns – wenn Ihr versteht, was wir meinen.

Ich glaube, ein Erschießungskommando wäre die Antwort...

Freitag, 4. März
Komischer Tag heute. Fing schlecht an und endete gut.

Der schlechte Anfang kam, als ich, ein wenig eingeschüchtert von den heldenhaften Großtaten von Simon, Joshua, Rebecca und Naomi, mit dem Entschluß aufwachte, etwas, das ich gestern abend in einem Zeitschriftenartikel über »Lobpreis als Opfer« gelesen habe, in die Tat umzusetzen. Der Verfasser des Artikels sagte, daß wir gerade dann besonders bereit sein sollten, Gott anzubeten und zu loben, wenn uns gar nicht danach zumute ist. Wenn wir dieses Opfer erbringen, so hieß es in dem Artikel, würde Gott uns belohnen, indem er unseren Willensakt in eine wahre Hymne spontaner Freude verwandele, durch die wir und alle um uns her gesegnet würden.

Fing an, sobald ich wach war und mich wie üblich wie eine tote Nacktschnecke fühlte, indem ich vier- oder fünfmal »Preist den Herrn!« sagte, während ich dalag und an die Decke starrte. Kam mir ein bißchen komisch vor, und meine Stimme klang ziemlich krächzend, aber in dem Artikel hatte es geheißen, daß man beharrlich sein müsse, bis man zum Punkt der Verklärung durchdringe. Mir kam der Gedanke, daß, wenn ich eine Menge Lobpreis sehr schnell hinter mich bringen würde, die benötigte Zeit zum »Durchdringen« sich sozusagen komprimieren ließe.

Sagte also wiederholt sehr schnell hintereinander »Preist den Herrn! Halleluja! Amen!«, während ich aufstand und meinen Morgenmantel anzog. Erwischte einen Blick von Anne, die unter der Bettdecke hervorspähte, als ich das Zimmer verließ. Sie starrte mich aus weit aufgerissenen Augen an. Auf dem ganzen Weg über den Treppenabsatz und ins Badezimmer fuhr ich fort, durch einen Willensakt zu lobpreisen. Machte unaufhörlich weiter, während ich duschte und auf dem Klo saß. Auf dem Rückweg über den Treppenabsatz ließ ich allmählich etwas nach, schaffte es aber immer noch, hie und da ein »Preist den Herrn!« hervorzustoßen.

Beim Frühstück keinerlei Anzeichen, daß mein Willensakt sich in eine Hymne der Freude verwandelt hätte, durch die ich und alle um mich her gesegnet würden. Im Gegenteil – alle um mich her

(Anne und Gerald) sahen noch mürrischer, unzufriedener und ungesegneter aus als sonst.

Fragte, was los sei.

Anne rieb sich die Augen und sagte müde: »Adrian, ich weiß nicht, was für einer hirnrissigen Idee du im Augenblick gerade nachläufst, und um ehrlich zu sein, es interessiert mich auch gar nicht. Was mich allerdings interessiert, ist, wie sich das auf mich auswirkt. Ich möchte mit aller Deutlichkeit sagen, daß ich es nicht schätze, aus dem schönsten Schlaf gerissen zu werden – viel zu früh! – nur weil ein religiöser Fanatiker nicht in der Lage ist, seine erbärmlichen Ergüsse für sich zu behalten.«

»Erbärmliche Ergüsse! Ich kann nicht glauben, daß du –«

»Es ist mir wirklich ein Rätsel, wie du nach all diesen Jahren und nach all dem, was du über die schiere – die schiere *Vernunft* Gottes gelernt hast, dich immer noch von solchen Schwachköpfen einwickeln läßt, die nicht ruhen können, bis sie andere Leute dazu gebracht haben, sich genauso bizarr zu benehmen wie sie selbst.«

»Du solltest wissen«, sagte ich würdevoll, »daß der betreffende ›Schwachkopf‹, wie du ihn so lieblos betitelst, einen der geachtetsten Verkündigungsdienste in diesem Land versieht. Mehr als zwanzig Gemeinschaften stehen unter seinem Schirm.«

»Na, da kann ich nur hoffen, daß sie gutes Wetter haben«, meinte Anne.

»Das ist nicht witzig«, sagte ich.

»Ist es doch«, kicherte Gerald.

Machte mich wirklich wütend. »Und was ist mit dir, Gerald – hast du über heute morgen etwas Ernsthaftes zu sagen? Oder willst du dir wie üblich wieder nur einen Witz daraus machen?«

Gerald zuckte die Achseln. »Na ja, ich mußte ja nicht so eine grauenhafte Erweckung erleiden wie Mama, aber ich habe so ziemlich alles andere danach gehört. Es war ziemlich furchtbar, Paps. Es klang, als ob in unserem Badezimmer eine Pfingstler-Konferenz stattfände, begleitet von einer Lobpreis-Versammlung auf dem Klo. Dann hörte ich dich auf dem Treppenabsatz, wie du auf dem Weg zurück ins Schlafzimmer immer noch irgend etwas vor dich hinmurmeltest. Es war schon ein bißchen anstrengend.«

»Verstehe. Ein bißchen anstrengend. Und vermutlich stimmst du deiner Mutter zu, wenn sie in ihrer zurückhaltenden Art mein Lobpreis-Opfer als ›erbärmliche Ergüsse eines religiösen Fanatikers‹ bezeichnet, was?«

»Oh nein«, sagte Gerald, »ich glaube nicht, daß ich es so beschreiben würde. Nein – als ich dich heute im Bad und auf der Toilette hörte, erinnerte mich das an etwas anderes, aber ich kam nicht recht drauf, was es war.« Er hielt inne und dachte einen Moment nach. »Ah, jetzt habe ich's! Ich weiß, was es war. Ich glaube, ich würde es als eine Art – geistliche Blähungen beschreiben. Der Morgenwind des Geistes...«

Zu wütend, um etwas zu sagen. Ging hinauf und schloß mich in meinem Arbeitszimmer ein, bis beide aus dem Haus waren. Hoffte, daß sie im Lauf des Tages anfangen würden, sich schuldig zu fühlen und zu schämen, weil sie so mit mir gesprochen hatten. Ich hatte vor, mich verletzt zu geben und nicht leicht beschwichtigen zu lassen, ihnen am Ende aber doch zu vergeben.

Mußte zu meiner Abendveranstaltung los, bevor Anne und Gerald nach Hause kamen. Richard Cook hatte sich erboten, mich in unserem Wagen zu fahren, so daß ich ausgeruht zu der Veranstaltung kommen würde. Brachen gegen halb fünf auf.

Wünschte manchmal, Richard hätte einen etwas höher entwickelten Sinn für Humor. Wir hielten an einer Tankstelle in der Nähe, um zu tanken, und als wir uns den Zapfsäulen näherten, fragte Richard: »Ist der Tankdeckel auf deiner Seite?«

»Na ja, bisher hat er mich immer treu unterstützt«, erwiderte ich.

»Nein«, sagte er, »ich meine – auf welcher Seite des Wagens ist der Tankdeckel?«

Richard setzte mich gegen halb sieben am Gemeindehaus in Wopsley ab und fuhr weiter, um eine Tante zu besuchen, die in der Nähe wohnte.

War zum ersten Mal in dieser Gemeinde. Fühlte mich ein bißchen einsam und isoliert, besonders nach dem, was morgens mit Anne und Gerald passiert war. Hatte einen schlimmen Anfall von »Was-in-aller-Welt-hat-einer-wie-ich-hier-zu-suchen?«-Krämpfen. Was würden diese vertrauensseligen Leute sagen, wenn sie wüßten, daß ihr Gastredner gerade einen fürchterlichen Krach mit seiner Frau und seinem Sohn hatte? Wünschte, Anne und Gerald wären da, so daß wir alle »Tut mir leid« sagen und uns umarmen und alles wiedergutmachen könnten.

Der Vortrag lief ganz gut, glaube ich; hinterher gab es Kaffee und Kuchen, so daß die Leute sich unterhalten konnten, während sie sich untereinander mischten. Muß sagen, daß es eine sehr warme, freundliche, entspannte Atmosphäre war. Sah mich zum ersten Mal im Saal um (ich nehme die Einzelheiten immer erst wahr, wenn ich den Vortrag hinter mir habe) und bemerkte, daß er sehr schlicht gehalten war, mit Ausnahme eines großen, sehr komplexen, aber sehr roh geschnitzten Kreuzes an der Wand über der flachen Bühne am vorderen Ende. Sagte etwas darüber zu einer älteren Dame, die ein Tablett mit Kaffee herumtrug.

Sie sagte heiter: »Ach ja, das ist unser Kreuz. Wir mögen es überhaupt nicht.«

Sie war mit ihrem Tablett schon weg, bevor ich sie fragen konnte, wie sie das meinte.

Wenig später sprach ich einen jüngeren Mann, der damit beschäftigt war, Stühle aufzustapeln, um Platz für die Leute zum »Mischen« zu schaffen, auf das Kreuz an.

»Das ist ein schönes Kreuz, das Sie da oben haben.«

Er hielt einen Moment inne, wischte sich die Stirn ab und machte ein überraschtes Gesicht. »Gefällt es Ihnen wirklich? Wir finden es scheußlich. Aber da vorne ist genau der richtige Platz dafür, meinen Sie nicht?«

»Ja, aber warum –«

Er war schon weg.

Nagelte schließlich Daniel Bisset fest, den Verantwortlichen aus dem Ältestenkreis, einen dicken, fröhlichen Burschen, der mit jedermann gut Freund zu sein schien, und fragte ihn nach dem Kreuz.

»Ach ja!« nickte Daniel und strahlte. »Wir sind sehr stolz auf dieses häßliche alte Kreuz, das sind wir wirklich. Wissen Sie, wir haben immer gesagt, daß wir so etwas hier niemals haben wollen. Hatten sogar eine Sonderversammlung vor elf oder zwölf Jahren, als wir hier anfingen, und unser ganzer Haufen war sich einig, daß wir uns den Raum nicht mit solchem Zeug vollstellen wollten. Darum ist es so gut, es jetzt dort oben zu sehen – macht es noch bedeutungsvoller, wenn Sie verstehen, was ich meine.«

»Nein, tut mir leid, ich verstehe überhaupt nicht, was Sie meinen«, erwiderte ich. »Wen immer ich nach diesem Kreuz frage, immer bekomme ich zu hören, daß Sie es hier überhaupt nicht haben wollen, und im gleichen Atemzug heißt es, wie stolz Sie alle darauf sind. Das kapiere ich einfach nicht.«

Daniel lachte laut auf. »Verstehe, verstehe – okay, ich erzähle Ihnen, was passiert ist. Es ist alles wegen einem alten Kerl namens Eric Carter – er wohnte ganz allein oben in einer dieser verfallenen Hütten, die früher da standen, wo jetzt der Hinterhof von Sainsbury's ist. Eric war – warten Sie mal – wohl Mitte siebzig, als ich ihn kennenlernte; er konnte nicht sehr gut sehen und war nach seiner eigenen Einschätzung ein richtiger alter Heide. Wir lernten ihn kennen, als jemand ihm eines Montags etwas von den Erntedankgaben vorbeibrachte, und wer immer es war, ließ ihm auch eine Liste der Veranstaltungen in der Gemeinde da. Nun, Eric war ein mißtrauischer alter Fuchs, und anfangs ein bißchen kratzbürstig, aber er war einsam und so tauchte er an einem unserer Gemeinschaftsabende auf, und er schien sich auch ganz wohl zu fühlen. Danach – ich weiß nicht, eines kam zum anderen – besuchte ich ihn ziemlich oft zu Hause, und er kam hin und wieder in den Gottesdienst, und um es kurz zu machen, am Ende wurde er schließlich Christ. Kniete sich eines Abends wie ein Baby da vorne hin und sagte, er wolle sein Leben Jesus geben.«

»Und das Kreuz?«

»Eines Tages, als ich ihn besuchte, sagte Eric plötzlich: ›Läßt sich das machen, daß ich nächsten Sonntag ein paar Worte von vorn sage, und könnte mich vielleicht jemand abholen und hinbringen?‹ Nun, ich war ein bißchen überrascht darüber, weil Eric immer stolz darauf war, daß er den Weg ganz allein machte, wann immer er in die Gemeinde kam, aber ich bekam einfach nicht aus ihm heraus, was er vorhatte, also erklärte ich mich einfach bereit, zu tun, worum er gebeten hatte, und damit hatte es sich.

Am nächsten Sonntag kam Eric in die Gemeinde – weiß nicht mehr, wer ihn abgeholt hat – und schob doch tatsächlich den Schubkarren, den wir hinten im Schuppen stehen haben, in den Saal hinein. Und quer über diesem Schubkarren, nicht darin, dafür war es zu groß, lag dieses geheimnisvolle Objekt, eingehüllt in Säcke und was weiß ich alles. Na, Sie können sich vorstellen, als Eric endlich dran war und aufstand, waren schon alle völlig hin vor Neugier. Was wollte er sagen, und was in aller Welt hatte er da in dem Schubkarren, der neben ihm stand? Und dann fing der alte Eric an, seinen Spruch aufzusagen ...«

Daniel hielt einen Moment inne, und seine Augen leuchteten bei der Erinnerung.

»Eric erzählte davon, wie einsam er gewesen sei, bevor er angefangen habe, zur Gemeinde zu kommen, und wie überrascht er über die Freundlichkeit gewesen sei, nicht nur ihm gegenüber, sondern auch unter uns. Er sagte, ihm sei als Kind eingetrichtert worden, daß man sich in der Kirche nur um sich selbst kümmern soll, um die anderen nicht zu stören, und er hatte gefürchtet, so würde es bei uns auch sein. Ich weiß heute noch, was er sagte.

›Bei euch schien mir, als ob ihr euch alle umeinander kümmert‹, das waren seine Worte, ›und aufpaßt, daß auch alle glücklich sind. Da wollte ich einfach dazugehören. Und jetzt gehöre ich dazu. Damals wußte ich nicht, daß Jesus dahintersteckt, aber jetzt weiß ich es.‹

Und dann lief er ein bißchen rosa an und sagte, er habe etwas für die Gemeinde gemacht, um uns dafür zu danken, daß wir nett zueinander und zu ihm gewesen seien, so daß er am Ende Jesus kennengelernt habe. Dann rief er einen der Jungs zu sich und ließ sich von ihm helfen, das Ding auf dem Schubkarren auszupacken und hochzuhalten, und natürlich war es dieses Kreuz, das jetzt da vorne hängt. Es solle eine Art Zeichen sein, sagte er, wie Jesus möchte, daß wir freundlich sind. Wie sich herausstellte, hatte er wochenlang in dem kleinen Schuppen hinter seiner Hütte daran gearbeitet, doch bei dem schlechten Licht und da er ohnehin nicht viel sah, war das Ding ziemlich chaotisch zusammengehauen und sah stellenweise ausgesprochen seltsam aus, wie Sie sehen.«

»Aber Sie haben es aufgehängt.«

»Klar haben wir es aufgehängt! Dieses Kreuz wird nur über meine Leiche wieder abgehängt. Es sagt uns und jedem anderen, der sich die Mühe macht, es herauszufinden, daß ein Mann zu Jesus gekommen ist, weil wir nett zueinander waren. Wir mögen eigentlich keine Kreuze, aber *dieses* Kreuz mögen wir.«

Ich blickte mich um. »Ist Eric heute abend hier?«

»Wahrscheinlich«, sagte Daniel mit plötzlich ganz sanfter Stimme, »aber Sie werden ihn nicht sehen können, falls er da ist. Er ist vor ungefähr vier Jahren gestorben – ich hoffe, er hat da, wo er hingegangen ist, ein gutes Wort für uns eingelegt.«

Bald danach kam Richard, um mich nach Hause zu bringen. Sagte, er habe bei seiner Tante eine Zeit des Spaltens und Stapelns gehabt. Dachte, er rede von irgendeinem abgelegenen Gebiet der dialektischen Religionsphilosophie, bis er mir erklärte, er habe Brennholz für sie gehackt.

Saßen auf dem Heimweg beide eine Weile schweigend da. Dann sagte Richard plötzlich: »Ha! Immer treu unterstützt – ha!«

Besser spät als nie, schätze ich.

Freute mich während der ganzen Heimfahrt darauf, Anne von meinem Gespräch mit Daniel Bisset zu erzählen. Dann, gerade als ich in die Küche ging, wo Anne und Gerald bei einer Tasse Kaffee saßen, fiel mir ein, daß ich eigentlich gerade mitten im Schmollen und tief verletzt über ihre Reaktion auf mein Lobpreis-Opfer war. Mir blieben ungefähr zwei Sekunden, um zu entscheiden, ob ich nett sein wollte oder nicht...

Ob Eric Carter wohl weiß, daß sein häßliches altes Kreuz noch vier Jahre, nachdem er gegangen war, in unserer Küche seine Wirkung tat?

Anne und ich bis Sonntagabend unterwegs zu einem dieser Wochenenden, die romantisch sein sollen, aber meistens mit einem Riesenstreit beginnen und dann viel besser werden, wenn auch vielleicht nicht gerade romantisch. Anne sagt, wenn ich auch nur ein einziges Wort darüber hier niederschreibe, schreibt sie ein Buch über das, was sich in unserer Hochzeitsnacht abgespielt hat...

Montag, 7. März
Wunderschönes Wochenende. (Soviel darf ich sagen.)

Ich bin absolut entschlossen, diese Sache mit der Kinderandacht bei den Hörnern zu packen und aus der Welt zu schaffen! Wie konnte ich nur so *schwach* sein. Jedesmal, wenn ich beschließe, etwas deswegen zu unternehmen, kneife ich. Diesmal nicht! Heute abend, wenn ich von der Arbeit komme, rufe ich Pfarrer Spool an und sage ihm, daß ich es nicht mache. Was für eine Erleichterung!

23.00 Uhr.
Gekniffen. Rufe morgen an.

Dienstag, 8. März
Gekniffen.

Mittwoch, 9. März
Autsch!

Donnerstag, 10. März
Kriege allmählich blaue Flecken.

Freitag, 11. März
Konnte nicht anders, mußte ständig über die blöde Kinderandacht jammern und stöhnen, während wir heute abend alle im Wohnzimmer vor dem Fernseher saßen. Anne wurde stinksauer. Sagte, ich solle entweder etwas dagegen tun oder kein Wort mehr darüber verlieren.

Ging in die Küche und raffte nach ein paar Minuten den Mut zusammen, Pfarrer Spool anzurufen. Kaum hörte er, wer es war, rief er: »Ah, Adrian, ich kann Ihnen gar nicht in Worten ausdrükken, mit welch freudiger Erwartung wir Ihrem Besuch in unserer Gemeinde am Sonntag entgegensehen. Eine ganze Reihe von Leuten, die nicht regelmäßig zum Gottesdienst kommen, machen sich eigens von weit her auf den Weg, um zu diesem Anlaß hier zu sein. Sicher würde ich die allgemeine Begeisterung nicht übertrieben darstellen, wenn ich sagen würde, daß es für viele ein Höhepunkt –

wenn nicht gar *der* Höhepunkt – des Jahres hier in St. Dermot's sein wird. Wir sind Ihnen so *schrecklich* dankbar, daß Sie uns diese Zeit in Ihrem vollen Terminkalender reserviert haben!«

Konnte nicht gut sagen: »Tja, dumm gelaufen, Vladimir, ich komme nämlich nicht«, oder?

Sagte ihm, ich hätte nur angerufen, um ihm zu sagen, wie sehr ich mich darauf freue und wie großartig es von ihm sei, mich einzuladen. Fühlte mich wie jemand in einer Todeszelle, der ein nettes Schwätzchen mit dem Elektriker hält.

Ging zurück ins Wohnzimmer.

Gerald warf nur einen Blick in mein Gesicht und sagte dann: »Hol das Ohropax, Mama.«

Samstag, 12. März

Gab mir heute morgen alle Mühe, mich krank zu fühlen. Blieb lange im Bett liegen und horchte in meinen Körper hinein, ob nicht irgendwo ein Problem zu finden wäre. Nichts als ein leichtes Jucken am linken Ellbogen. Ging ins Badezimmer und machte undeutliche Würgegeräusche, in der Hoffnung, Anne würde es hören und mir sagen, ich solle wieder ins Bett gehen.

Ach, dieser süße, süße Wunschtraum, ihre Stimme zu hören, wie sie den Pfarrer anruft und sich in meinem Namen dafür entschuldigt, daß ich zu krank bin, um die Kinderandacht zu halten.

Taumelte die Treppe hinab, lehnte mich unterwegs an Wände und Türpfosten und versuchte, bleich und abgespannt auszusehen. Glaubte inzwischen fast selbst an meine Krankheit. Endlich erreichte ich die Küche und vollführte zum Abschluß ein, wie ich fand, recht gelungenes Stolpern von der Tür zu einem Stuhl am Tisch, wo Anne und Gerald gerade ihr Frühstück genossen.

Sagte mit hohler, würgender Stimme: »Anne, ich fühle mich nicht besonders wohl.«

Sie sah nicht einmal auf. »Na, dann bleib zu Hause und halt dich warm«, sagte sie, »du weißt ja, du mußt morgen diese Kinderandacht halten.« Wie konnte sie nur so herzlos sein?

»Anne«, sagte ich, »ich glaube, du hast mich nicht verstanden. Ich dachte eben da oben schon, ich müßte mich übergeben.«

Gerald blätterte die Zeitung um und sagte: »Aber dann hast du es dir anders überlegt, was?«

»Willst du damit sagen, ich hätte es aufgesetzt?« erwiderte ich.

»Keine Ahnung, aber jedenfalls hast du es nicht ausgespuckt. Mal ehrlich, Paps, Lampenfieber bringt dich auch nicht weiter. Um von uns Mitleid zu schinden, mußt du dich schon regelrecht von wilden Hunden zerreißen lassen und kurz vor dem Exitus stehen. Und selbst dann wird nur einer von uns die Hunde bitten, mal eben Pause zu machen, während wir dir das Telefon bringen, damit du mit deinem letzten Atemzug dem Pfarrer sagen kannst, daß du nicht kommst.«

Ging eine Runde Golf spielen. Meine Familie steht nicht gerade in Gefahr, sich in Sachen Mitgefühl zu überanstrengen.

Sonntag, 13. März

Wachte um halb sieben auf, und der Gedanke an diese verflixte Kinderandacht legte sich sofort auf meine Stimmung wie ein schweres Bleigewicht. Wie hatte ich nur so *unglaublich* dumm sein können? Machte einen letzten hektischen Versuch, Anne zu überreden, anzurufen und zu sagen, ich wäre krank und sie würde statt meiner kommen, aber sie hängte sich völlig an Belanglosigkeiten wie »Wahrheit« und »Versprechungen einhalten« und »aus Fehlern lernen« auf.

Gerald sagte, er wolle mitkommen, um mich moralisch zu unterstützen. Nahm sein Angebot an, weil mir die Gesellschaft lieb war. Wurde jedoch leicht nervös, als er, gerade als wir aufbrachen, ausrief: »Die Märchentante und ich gehen jetzt, Mama!« Merkte, daß ich im Begriff stand, ihm genügend Munition für lange Zeit zu verschaffen.

Als wir um Viertel nach neun durch den Eingang von St. Dermot's schritten, sagte Gerald: »Ich wette mit dir um eine Flasche Rotwein, daß du in den nächsten fünf Minuten mindestens dreimal lügen wirst, Paps.«

Ich sagte: »Rede keinen Unsinn, Gerald.«

Pfarrer Spool, der nach Geralds Schätzung der pfarrerischste Pfarrer ist, der jemals pfarrte, eilte auf uns zu, als er uns hereinkommen sah, schloß beide Hände voll Inbrunst um meine Rechte und sagte: »Ich kann Ihnen gar nicht sagen, wie dankbar wir alle Ihnen sind, daß Sie sich bereit erklärt haben zu kommen, Adrian. Ich schätze, das Letzte, was Sie brauchen konnten, war noch ein zusätzlicher Termin.«

»Nein, nein«, erwiderte ich, »es ist mir eine Freude, hier zu sein, wirklich.«

Direkt hinter meinem linken Ohr flüsterte Gerald: »Eins.«

»Aber natürlich«, fuhr Spool fort, »ist es diesmal etwas anders, nicht wahr? Heute werden Sie zu unseren Kleinen sprechen.« Er zwinkerte mir vielsagend zu. »Das dürfte auch für Sie etwas Neues sein, vermute ich.«

»Ja«, sagte ich, »aber ich habe mich ungemein darauf gefreut, wirklich.«

»Zweieinhalb«, murmelte Gerald hinter meinem rechten Ohr.

»Übrigens, Sie werden uns Ihr übliches Honorar für einen solchen Vortrag wissen lassen, nicht wahr?« spulte Spool weiter. »Wir werden Mr. Frobisher, unseren Kassierer, darauf ansprechen müssen. Natürlich bestehen wir darauf, genau das zu bezahlen, was Sie sonst auch nehmen.«

Er meinte es wirklich ernst. Plötzlich wollte ich genauso großzügig wirken, wie er es war.

»Ich glaube, wir werden uns diesmal nicht damit aufhalten«, sagte ich in der Hoffnung, er würde spüren, was für ein großes Opfer ich damit brachte, »um ehrlich zu sein, Geld stand noch nie sehr hoch auf meiner Prioritätenliste.«

»Sechzehn dreiviertel«, zischte Geralds entrüstete Stimme in Stereo direkt hinter meinem Kopf.

Pfarrer Spool strahlte vor Dankbarkeit über meine großartige Geste und sagte schelmisch und etwas verwirrend: »Ja, ja, nein, nein, nun, nun, wir werden sehen. Übrigens, wir haben vor, den Gottesdienst wie üblich für die Kranken auf Band aufzuzeichnen. Sie haben doch keine Einwände dagegen?«

Unsicher: »Keine Probleme mit dem, äh... Copyright?«

»Nein, natürlich nicht«, sagte ich.

Dachte: Na, vielen Dank, Gott! Sie werden meine Demütigung

auch noch sorgfältig aufzeichnen und im ganzen Universum herumreichen.

Starb fast vor Nervosität, als ich in einer der ersten Reihen neben Gerald saß und auf den Beginn des Gottesdienstes wartete. Alle kleinen Kinder waren von Mitarbeiterinnen auf den ersten fünf oder sechs Reihen auf der anderen Seite gepfercht worden, und schon jetzt wiesen ein paar von ihnen einander auf mich, den Fremden, hin, und brachen dabei in kurze Kichersalven aus, als ob an meinem Aussehen irgend etwas unsagbar Komisches wäre. Diese kleinen Monster würden niemals aufmerksam zuhören, was immer ich auch zu ihnen sagen würde, um Himmels willen!

Fragte mich wieder – wie *hatte* ich nur so dumm sein können?

Zum Glück verschafften mir Pfarrer Spools Bekanntmachungen zu Beginn des Gottesdienstes eine kleine Ablenkung.

Später meinte Gerald, sie seien noch pfarrerischer in ihrer Pfarrerischkeit gewesen, als er es bisher selbst bei den pfarrerischsten Pfarrern beobachtet habe. Offensichtlich fand er diese *seine* Bemerkung äußerst witzig, doch als ich mit der Bemerkung parierte, dieses Verpfarren sei meiner Erpfarrung nach in der anglikanischen Kirche so üblich, man wolle sich eben keine Pfarrlässigkeit zuschulden kommen lassen, starrte er mich ganz verdutzt an, als hätte ich etwas vollkommen Sinnloses gesagt.

Spools verwirrend labyrinthähnlichen Bekanntmachungen, von Gerald heute nachmittag nach der Bandaufnahme des Gottesdienstes transkribiert, lauteten folgendermaßen:

»Guten Morgen. Ein paar kurze Bekanntmachungen, bevor unser Gottesdienst beginnt.

In der kommenden Woche wird der Dienstag der vierte Dienstag in einem Monat mit fünf Dienstagen sein, so daß wir es wieder, wie üblich, so halten wollen, daß die Mittwochsveranstaltung auf den Montag vorgezogen und die Dienstagsveranstaltung auf den Freitag geschoben wird. Bitte nehmen Sie diese Einzelheiten aufmerksam zur Kenntnis, da wir eine Wiederholung der höchst unbefriedigenden Situation vermeiden wollen, die das letzte Mal eintrat, als der Dienstag der vierte Dienstag in einem Monat mit fünf Dienstagen war und eine Reihe von Leuten alle vier Versammlungen besuchten, in der Hoffnung, durch Zufall die richtige zu erwischen.

Ich bin gebeten worden, alle daran zu erinnern, daß sich der Schlüssel zur Seitenkapelle an einem Haken im Sicherungskasten gleich neben der Tür zur Sakristei befindet. Der Schlüssel zum Sicherungskasten wird in dem Hochschrank im hinteren Teil der Kirche aufbewahrt, und der Schlüssel zum Hochschrank ist in der Talarkiste zu finden, die gleich neben der Tür zur Sakristei steht, unmittelbar unter dem Sicherungskasten. Der Schlüssel zur Talarkiste wird von Mr. Frobisher aufbewahrt, der sich freundlicherweise bereit erklärt hat, ihn am ersten und dritten Montag und am zweiten und vierten Dienstag eines jeden Monats zur Abholung bereitzuhalten. In Monaten, die an einem Montag beginnen, steht der Schlüssel am ersten Mittwoch, am zweiten Freitag, am dritten Donnerstag und am vierten Mittwoch jenes Monats zur Verfügung.

Die Seitenkapelle ist in letzter Zeit ziemlich wenig benutzt worden, und wir hoffen, daß sich nun mehr Leute dieser Möglichkeit bedienen werden.

Darf ich darum bitten, daß, wenn die Zeit für die Kommunion gekommen ist, diejenigen, die auf der linken Seite des hintersten Blocks von Bankreihen sitzen, den nördlichen Gang hinauf und durch die Tür in den Gang zwischen der Kirche und dem Gemeindesaal gehen, gleich hinter der Behindertentoilette rechts abbiegen, hinter dem Altar entlang weitergehen und sich dem Geländer durch die nördliche Tür der Scheitelkapelle nähern.

Es kann übrigens nicht stark genug betont werden, wie notwendig es ist, das Abbiegen nach rechts unmittelbar nach der Behindertentoilette zu beachten. In der vorletzten Woche verabsäumte es Mr. Tooley, der nur über eine schwache Sehkraft verfügt, nach rechts abzubiegen, verbrachte eine lange und qualvolle Zeit im Heizungsraum der Kirche und erreichte schließlich das Altargeländer kurz nach dem Beginn des Eröffnungschorals des darauffolgenden Gottesdienstes.

In ähnlicher Weise ging Mrs. Cardew-Fitt, die in ihrem bereits fortgeschrittenen Alter recht gebrechlich und bisweilen ein kleines bißchen verwirrt ist, geradewegs zur Osttür hinaus und die High Street entlang und stellte sich schließlich in der Gastwirtschaft »Zum Blauen Kakadu« zur Kommunion an. Beide Vorfälle waren für alle Beteiligten sehr ärgerlich und wären völlig unnötig gewesen, wenn die beiden Betroffenen sich diese völlig klaren Anweisungen vergegenwärtigt hätten.

Das Verfahren für diejenigen auf der rechten Seite jenes hintersten Blocks von Bankreihen ist womöglich noch einfacher. Sie sollten zur Westtür hinausgehen, das Gebäude entgegen dem Uhrzeigersinn umrunden, durch die südliche Tür der Scheitelkapelle wieder eintreten und, mit der gebotenen Rücksicht gegenüber jenen von der linken Seite des hintersten Blocks von Bankreihen, die möglicherweise im gleichen Moment dort hindurchgehen, durch die nördliche Tür der Kapelle herantreten, wobei zu beachten ist, daß auch die Leute von den mittleren Bankreihen gleichzeitig herzutreten und sich wieder entfernen.

Es ist, wenn ich das an dieser Stelle sagen darf, ein Anlaß zu tiefem Bedauern, daß irgendeine zu Scherzen aufgelegte Person es für nötig erachtet hat, die Worte: »KOMMUNIONS-POLONAISE – HIER ENTLANG« an die Wand des Zwischenganges zu kritzeln. Die Kommunion ist eine feierliche Angelegenheit, und diese Maßnahmen sind dazu angelegt, allen die Teilnahme an dieser Feierlichkeit leichter zu machen.

Zu meiner Freude kann ich bekanntgeben, daß die neuen Arrangements für den Gemeindekaffee nach dem Gottesdienst außerordentlich gut funktionieren. Jeden Sonntag steigt die Anzahl der Gottesdienstbesucher, die Kaffee möchten und es auch tatsächlich schaffen, welchen zu bekommen.

Abschließend möchte ich sagen, daß mir zu Ohren gekommen ist, daß manche Leute Bedenken bezüglich der komplizierten Natur unserer Arrangements hier in St. Dermot's zum Ausdruck gebracht haben. Nun, wissen Sie, meine Freunde, wenn Sie nicht zu mir, Ihrem Pfarrer, kommen und mir die Dinge sagen, die Ihnen Sorge bereiten, wie in aller Welt soll ich es dann je herausfinden? Nun? Kommen Sie, und lassen Sie uns darüber reden. Ich bin wie immer am fünften, siebten und zwölften ungeraden Tag jedes Monats zu erreichen, es sei denn, der betreffende Tag fällt auf ein Wochenende, falls dieses Wochenende nicht das vorletzte Wochenende des Monats ist, an dem diese Ausnahme nicht zutrifft. Was auch immer das Problem sein mag, ich bin sicher, wir können es lösen – mit der Zeit.

Gut – und nun darf ich im Namen von uns allen, und insbesondere im Namen unserer Kleinen, sagen, wie sehr wir uns freuen, Mr. Adrian Plass hier willkommen zu heißen, der uns heute die Kinderandacht halten wird. Mr. Plass hat einige herrlich komische Bücher geschrieben und ist als vorzüglicher Redner bekannt, so daß wir alle mit überschwenglicher Vorfreude darauf warten, zu hören, was er uns zu sagen hat.

Ich danke Ihnen.«

Beinahe gelähmt vor Angst, als ich aufstand, um zu den Kindern zu sprechen. Fühlte mich, als ob ich versuchte, einen großen Apfel am Stück zu verschlingen und dabei gleichzeitig zu lächeln und zu reden. Dachte mir, die einzige Hoffnung, ihre Aufmerksamkeit zu fesseln, bestünde darin, gleich mit einem Donnerschlag zu beginnen.

Ich sagte: »Also schön, wer möchte gerne eine *richtig* gruselige Geschichte hören?«

So weit, so gut. Alle Kinder und eine Auswahl nachsichtig lächelnder, schelmisch unverklemmter, augenkräuselnder Erwachsener hielten ihre Hände empor.

»Die Sache ist nur – ich weiß nicht recht, ob ich euch diese Geschichte wirklich erzählen sollte, weil sie sehr, sehr, *sehr* unheimlich ist. Sie ist sogar *so* unheimlich, daß ich mich vielleicht selbst dazu bringe, vor Angst laut zu schreien, indem ich sie euch erzähle. Wahrscheinlich ist es sogar die grauenerregendste Geschichte, die *jemals* in der Geschichte des Geschichtenerzählens *irgend* jemand *irgendwo* gehört hat.«

Es schien mir zweifellos gelungen zu sein, alle zu beeindrucken. Bemerkte, daß das nachsichtige Lächeln auf den Gesichtern der meisten der augenkräuselnden Erwachsenen erlahmt war. Ein kleines, rundgesichtiges Mädchen mit rosigen Wangen und Zöpfen sah sich besorgt nach hinten um, ob Mami und Papi auch wirklich noch in der Kirche waren.

In leise drohendem Ton fuhr ich fort: »Dann wollt ihr also wirklich vor Angst vergehen?«

Vielleicht hatte ich ein wenig übertrieben. Die Kinder waren ein einziger Klumpen aus Spannung und Furcht, hielten sich aneinander fest und starrten mich mit vor Grauen weit aufgerissenen Augen an. Immerhin hatte ich ihre Aufmerksamkeit.

Verdarb den ganzen Effekt gleich zu Beginn mit einem dummen Versprecher.

Ich sagte: »Es war einmal ein gröhlicher kleiner Frebs namens Kordon...«

Kurzes, entsetztes, verständnisloses Schweigen. Eine ältere Dame, die ziemlich weit hinten saß, hielt die Hand hinters Ohr und fragte: »Es war einmal ein... *was* hat er gesagt?«

Das kleine Mädchen mit den Zöpfen drehte sich um und rief mit lauter, klarer Stimme: »Er hat gesagt, es war einmal ein gröhlicher kleiner Frebs namens Kordon, aber ich weiß nicht, was gröhlich bedeutet, und ich weiß nicht, was ein Frebs ist, und ich habe noch nie jemanden getroffen, der Kordon heißt. Was ist denn ein gröhlicher kleiner Frebs namens Kordon? Was bedeutet *gröhlich*? Ist das –«

Geriet in Panik und unterbrach hastig. »Ich habe nicht gesagt, daß die Geschichte von einem gröhlichen kleinen Frebs namens Kordon handelt.« Ungläubige Empörung auf den Gesichtern der Kinder. »Oder besser gesagt – Entschuldigung, Entschuldigung – ich habe es gesagt, aber ich habe es nicht so gemeint. Was ich eigentlich sagen wollte, war, daß einmal ein fröhlicher kleiner Krebs namens Gordon war. Und eines Tages vergaßen Gordons große Brüder und Schwestern, daß ihre Mami und ihr Papi ihnen eingeschärft hatten, auf Gordon aufzupassen, und während sie mit etwas anderem beschäftigt waren, verlief er sich in eine andere Strandpfütze und bekam große Angst, weil eine große Möwe ihn beinahe gefressen hätte und seine Mami ihn gerade noch rechtzeitig retten konnte.«

Kurzes Schweigen.

Das kleine Mädchen sagte: »Und was passierte dann?«

»Äh, na ja, das war's – das ist das Ende.«

Verzweiflung überwältigte mich, als ich merkte, daß ich all die komischen Krebsstimmen und die Gespräche zwischen den Brüdern und Schwestern und das gruselige Stück, bevor Gordon von seiner Mami gefunden wird, ausgelassen hatte. Ich hatte es geschafft, die ganze Geschichte in knapp dreißig Sekunden hinter mich zu bringen.

»Das würde ich nicht gerade eine sehr, sehr *gruselige* Geschichte nennen«, sagte das Mädchen mit den Zöpfen. »Eher eine sehr, sehr *kurze* Geschichte.«

Versuchte weiterzumachen, als sei nichts geschehen.

»Schön, also, wer möchte gern erklären, was diese Geschichte uns lehrt?«

Jede Menge Hände schossen empor. Deutete auf ein dünnes kleines Mädchen mit dicken Brillengläsern.

Sie sagte: »Am Strand ist es sehr schlimm und gefährlich für kleine Kinder?«

Zwei von den Kleinsten rissen bei diesem Gedanken die Augen weit auf und schienen zu meinem Entsetzen den Tränen nahe zu sein.

»Nein«, sagte ich hastig, »das bedeutet es natürlich nicht. Am Strand ist es *wunderbar* für Kinder. Natürlich ist es das.«

Die beiden Kleinen waren sofort getröstet. Das Gesicht des dünnen kleinen Mädchens legte sich in Falten.

»Aber, äh ... es war ein sehr guter Vorschlag – wirklich sehr gut. Gut gemacht!« Hörte meine eigene Stimme zu hysterischem Diskant aufsteigen. »Und nun jemand anderes – was zeigt uns diese Geschichte?«

Ein kleiner Junge mit großen, starren Augen und borstigen Haaren, der aussah, als ob ständig ein starker elektrischer Strom durch seinen Körper flösse, rief: »Bedeutet sie vielleicht, daß wir unseren Brüdern und Schwestern niemals vertrauen sollen, weil es ihnen völlig egal ist, ob wir am Strand gefressen werden?«

Dachte, ich würde den Verstand verlieren. Ich wußte, daß ich den Stein ins Rollen gebracht hatte, aber die ganze Sache entwikkelte sich zu einem Alptraum aus einer Geschichte von Edgar Allan Poe. Kinderandachten sollten eigentlich bei den Zuhörern keine lebenslangen seelischen Narben hinterlassen.

»Natürlich ist es unseren Brüdern und Schwestern nicht egal, wenn wir am Strand gefressen werden. Ich meine« – hastig – »wir werden ja gar nicht am Strand gefressen – oder sonstwo, aber wenn wir gefressen würden – *wenn* wir gefressen würden, dann wäre das unseren Brüdern und Schwestern bestimmt nicht egal, *ganz* bestimmt nicht. Schaut, meint denn keiner von euch«, flehte ich verzweifelt, »daß die Geschichte vielleicht zeigt, wie wichtig es ist, daß wir uns umeinander kümmern? Könntet ihr euch vorstellen, daß sie uns das zeigt?«

Daraufhin reckte ein hübsches kleines dunkelhaariges Mädchen seine Hand in die Luft, so hoch es ging, wedelte wie wild damit, schaukelte dabei mit dem ganzen Körper und biß die Zähne zusammen vor lauter Eifer zu antworten. Ich nickte ihr auffordernd zu.

»Meinst du, daß sie uns das zeigt?«

»Nein«, sagte sie.

Spürte, wie sich meine ganze Wirbelsäule in Pudding verwandelte.

»Also schön – also schön! Alle die Hände herunternehmen, und dann gehen wir alles noch einmal durch, okay? Nein, ich habe gesagt, die Hände *herunternehmen*, klar? Ihr hattet alle gerade eben die Gelegenheit, zu sagen, was die Geschichte bedeutet, und keiner hat es richtig gemacht. Jetzt bin ich an der Reihe, falls nicht jemand irgendwelche Einwände dagegen hat!«

Funkelte die Kinder drohend an. Sie rückten furchtsam und schutzsuchend enger zusammen und sagten nichts.

»Also! Da ist ein Krebs namens Gordon. *Klar*?«

Eifriges Nicken.

»Er ist fröhlich. *Klar*?«

Wieder Nicken.

»Seine Brüder und Schwestern sollen auf ihn aufpassen. *Klar*? Hat irgend jemand Schwierigkeiten, das bis hierher zu verstehen?«

Feierliches Kopfschütteln.

»Aber sie vergessen, auf ihn aufzupassen, und er wird beinahe von einer Möwe gefressen. *Klar*?«

Etwas zuversichtlicheres Nicken.

»Aber Gordons Mutter rettet ihn. *Klar*?«

Lächeln und Nicken.

»Gut! Hervorragend! Also – was lehrt uns diese Geschichte?«

Unbehagliche Pause. Ratlose Blicke zwischen den Kindern. Endlich hob ein etwas merkwürdiger, ernsthaft dreinblickender, kurzhaariger Junge von etwa zehn Jahren, gekleidet in einen dunklen Anzug mit Krawatte, zaghaft seine Hand.

»Ja?«

»Sie zeigt uns, daß Satan uns manchmal als Möwe verstellt erscheint.«

Deprimiertes Schweigen.

Gab auf und sagte: »Amen.«

Hinterher reagierte Pfarrer Spool, als hätte ich halb Großbritannien bekehrt.

»*Wunderbar*!« schwärmte er und umklammerte aufs neue meine Hand, »ich bin sicher, Ihre Botschaft war eine große Herausforderung für unsere Kinder. Eine Lektion bleibt so viel leichter in den kleinen Köpfen stecken, wenn sie in eine gut erzählte Geschichte verpackt wird.«

Verärgerte Blicke in meine Richtung von den Eltern, die versuchten, ihre verstörten kleinen Kinder zu beruhigen, ließen ahnen, daß sie mir bei der erstbesten Gelegenheit am liebsten auch etwas in meinen kleinen Kopf gesteckt hätten – ein Beil zum Beispiel. Riß mich so bald wie möglich von dem Pfarrer los, der mir noch, als wir schon halb zur Tür hinaus waren, nachrief: »Übrigens, ich habe Mr. Frobisher angewiesen, Ihnen einen Hinterhalt zu legen – ja, einen regelrechten *Hinterhalt* – bevor Sie das Haus verlassen. Er wird mit Freuden Ihre Spesen bestreiten. Herzlichen Dank für die Inspiration. Sie müssen bald wiederkommen und zu unseren Kleinen sprechen...«

Fragte Gerald, wie er meine Andacht gefunden habe, als wir hinausgingen. Er sagte: »Darf ich meine Antwort in die Form einer verschlüsselten Kreuzworträtsel-Definition kleiden?«

Seufzte. »Wenn es sein muß.«

»Nun, ich denke, ich würde es etwa so ausdrücken.«

Reichte mir eine von seinen verflixten Kritzeleien auf der Rückseite eines Briefumschlags. Darauf stand:

»LÄNGENEINHEIT (ABKÜRZUNG) UND 3. PERSON SINGULAR EINES HILFSVERBS (4 BUCHSTABEN)«

Gerald sagte: »Und die Lösung ist...«

»Vielen Dank«, unterbrach ich, »ich bin schon selbst darauf gekommen, und ich bin ganz deiner Meinung.«

Auf dem Friedhof wurden wir von Mr. Frobisher angesprochen. Er erwies sich als ein unglaublich dicker junger Mann mit einem sehr kleinen Portemonnaie, vielleicht ein verbreitetes Phänomen unter Kassierern, wie Gerald später dunkel andeutete. Pfarrer Spools Versicherung, daß Mr. Frobisher mit Freuden unsere Spesen bestreiten würde, war ein wenig zu optimistisch ausgefallen. Im Gegenteil, Mr. Frobisher schien uns mit tiefem Mißtrauen zu betrachten und war, nach seinem allgemeinen Verhalten zu urteilen, alles andere als erpicht darauf, unsere Spesen zu bestreiten.

Nachdem er nicht nur das kleine Portemonnaie, sondern auch ein kleines Notizbuch und einen Stift hervorgezogen hatte, sagte er mit hoher, diensteifriger Stimme: »Darf ich nach Ihrem Honorar fragen?«

Ich spulte meine bescheiden kopfschüttelnde Nicht-der-Rede-wert-Routine ab, aber er versuchte nicht einmal, mir zu widersprechen. Er ging einfach zur nächsten Frage über.

»Darf ich fragen, mit welchem Verkehrsmittel Sie angereist sind?«

Gerald schraubte seinen Kopf herum, bis er das Blatt sehen konnte, auf dem Mr. Frobisher sich seine Notizen machte, und sagte in freundlichem, hilfsbereitem Ton, schön langsam zum Mitschreiben: »Äh, wir sind mit dem Helikopter gekommen. Das ist H, e, l, i –«

»Wir sind mit dem Wagen gekommen«, unterbrach ich hastig, als Mr. Frobisher sich anschickte, sich zu noch größerem Umfang aufzublasen. »Und es ist nicht nötig, uns die Kosten dafür zu erstatten. Die Fahrt ist nicht weiter als sieben Achtelmeilen – das ist wirklich nicht der Rede wert.«

»Der Herr Pfarrer hat mich angewiesen, Ihnen Ihre Reisekosten zu erstatten«, quiekte Mr. Frobisher, »und wir erstatten dreißig Pence für jede gefahrene Meile. In diesem Falle bemißt sich die Gesamtstrecke auf zweimal sieben Achtelmeilen, also vierzehn Achtelmeilen, das macht eine Meile und sechs Achtelmeilen, das macht –«

Gezwungen, abzubrechen, da er das Ergebnis nicht im Kopf ausrechnen konnte, zog Mr. Frobisher einen Taschenrechner aus der Tasche, der ebenso winzig war wie der Rest seiner Ausrüstung, steckte die Zungenspitze zum Mundwinkel hinaus und tippte eine Weile auf den Knöpfen herum.

»Das macht zusammen«, sagte er endlich, »zweiundfünfzigeinhalb Pence. Ich bin sicher, Herr Pfarrer Spool würde darauf bestehen, daß ich das auf dreiundfünfzig Pence aufrunde.«

Gewissenhaft zählte er mir die Münzen auf die Hand, brachte sodann einen liliputanischen Quittungsblock zum Vorschein, den ich pflichtschuldig und ebenso gewissenhaft abzeichnete.

»Na bitte«, sagte Gerald, als wir in den Wagen stiegen, »das war ein nettes kleines Zubrot, was? Dreiundfünfzig Pence! Wow!«

»Eines tröstet mich«, erwiderte ich.

»Und zwar?«

»Das ist immerhin etwas mehr, als meine Ansprache tatsächlich wert war...«

Montag, 14. März

Konnte heute morgen die Verlegenheit beim Gedanken an das Fiasko von gestern nicht abschütteln. Gerald half mir auch nicht gerade, indem er mich darauf hinwies, daß ich, da ich ihm ja eine Flasche Rotwein schulde, insgesamt etwa vier Pfund Verlust gemacht habe. Alles, was ich im Badezimmerspiegel sehen konnte, war ein gröhlicher kleiner Frebs namens Adrian. Beim Frühstück war Anne voller Mitgefühl (jetzt, wo ich es hinter mir habe!), aber sie sagte, ich müsse nun einmal lernen, wo meine Grenzen sind, und bei Dingen, für die ich kein Talent habe, »nein« zu sagen.

»Aber wir sollen doch Gott keine Grenzen setzen oder?« erwiderte ich.

Gerald schaltete sich ein und sagte: »Nein, aber wenn Mose beschlossen hätte, einen so riesigen Schokoladenkuchen zu backen, daß er damit mehrere hunderttausend Israeliten hätte satt machen können, statt das Rote Meer zu teilen, was eigentlich seine Aufgabe gewesen wäre, dann glaube ich nicht, daß Gott ihm auch noch irgendwelche kulinarischen Wunder geschickt hätte, oder? Gott wäre zornig geworden und hätte den Kuchen in der Mitte einsinken lassen.«

Er hielt inne und setzte dann nachdenklich hinzu: »Der alte Mose tut mir richtig leid, weißt du. Stell dir vor, du wärst den ganzen Weg durch die Wüste gezogen und hättest dann nicht in das verheißene Land hineingedurft. Siehst du ihn nicht auch dort auf dem Berg Nebo stehen, hundertzwanzig Jahre alt, aber die Augen so gut wie eh und je, wie er hinausspäht über Naphtali und Manasse und Juda, die sich bis zum Mittelmeer erstrecken, und den Negev und das Jordantal und Jericho und Zoar, und weiß, daß er niemals dorthin gelangen wird? Und dann, wie eine Art alttestamentlicher Frank Sinatra, der weiß, daß dies sein letzter Auftritt ist, wendet er sich den Scharen der Israeliten unten auf der Ebene zu und singt das alte Lied noch ein letztes Mal.«

»Das alte Lied? Welches alte Lied?«

»I did it Ya-a-a-hweh!« knödelte Gerald.

Dienstag, 15. März

Erwähnte heute morgen zufällig gegenüber Gerald, daß sehr viele Christen, die ich treffe, offenbar nicht das Gefühl haben, daß sie Gott jemals wirklich begegnet sind und er ihnen von Grund auf vergeben hat. Es ist fast so, sagte ich, als hätte Jesus nie die Geschichte vom verlorenen Sohn erzählt. Als ich heute abend von einem Glander-angefüllten Tag nach Hause kam, zeigte er mir wieder einmal eine seiner umgeschriebenen Bibelpassagen. Sagte, unsere Unterhaltung am Morgen hätte ihn dazu inspiriert. Sehr schmeichelhaft.

Mich beschleicht so ein seltsames Gefühl, als ob Gerald der Erwachsene hier ist, und ich so eine Art ernsthafter Jugendlicher. Gar nicht so übel eigentlich – glaube ich.

Da schlug er in sich und sprach: »Wieviel Tagelöhner hat mein Vater, die Brot in Fülle haben, und ich verderbe im Hunger! Ich will mich aufmachen und zu meinem Vater gehen und zu ihm sagen: Vater, ich habe gesündigt gegen den Himmel und vor dir und bin hinfort nicht mehr wert, daß ich dein Sohn heiße; mache mich zu einem deiner Tagelöhner.«

Und er machte sich auf und kam zu seinem Vater.

Da er aber noch ferne von dannen war, sieht ihn sein Vater und rennt zu ihm und nimmt ihn in den Schwitzkasten und zieht ihn an den Haaren und haut ihm auf den Hintern und boxt ihn aufs Ohr und spricht: »Wo zum Teufel bist du gewesen, Miststück?«

Und der verlorene Sohn erwidert: »Vater, ich habe gesündigt gegen den Himmel und vor dir; ich bin hinfort nicht mehr wert, daß ich dein Sohn heiße; mache mich zu einem deiner Tagelöhner.«

Der Vater spricht: »Darauf kannst du dich verlassen, daß ich dich zu einem meiner Tagelöhner mache, Meister Dreckiger-Drükkeberger-Erbe-verprassender-verstunkener-verlorener-Sohn! Ich schätze, du glaubst, daß du hier einfach so ankommen kannst, ohne auch nur um Erlaubnis zu fragen, und mich mit deiner dramatischen kleinen Rede einwickeln kannst? Denkst du, das hier ist *Unsere kleine Farm*? Oder vielleicht hältst du mich für einen Toren? Oh nein. Dritter Hilfs-Kloputzer kannst du bei mir werden, und zwar unbezahlt, mein stinkender Ex-Verwandter.«

Da spricht der verlorene Sohn bekümmert zu ihm: »Schon gut, schon gut – das habe ich verdient. Also, äh, nur um mich zu vergewissern, es ist also keine Rede von jeder Menge schöner Geschenke und sofortiger Vergebung und einem großen Festmahl mit einem gemästeten Kalb oder dergleichen?«

»Davon träumst du, Sohn!« erwidert der Vater. »Das einzige Geschenk, daß du zu sehen bekommen wirst, ist deine persönliche Klobürste, die dir gleich geschenkt wird.«

Und der Vater packt den verlorenen Sohn bei demselbigen Ohr, auf das er ihn zuvor geboxt hat, und schleift ihn zurück zur Farm.

Und siehe, das gemästete Kalb sieht sie von weitem kommen und schmeißt, da es die Situation vollkommen durchschaut, eine Riesenparty. Und die Verwandten und Gäste des gemästeten Kalbes jubeln und veranstalten eine Diskuh und muhen sarkastisch über den Zaun hinweg zu dem verlorenen Sohn, als der in seiner Trübsal vorübergeht.

Und siehe, als die Nacht hereinbricht, hört der ältere Bruder des verlorenen Sohnes ferne Geräusche wie von der Benutzung einer Klobürste, und schlendert nach dem Abendessen hinaus zum Rand der Jauchegrube, einen großen Brandy in der Hand, und er streckt sich ausgiebig und stochert sich in den Zähnen und zündet sich eine riesige Zigarre an und blickt hinab und spricht: »N'abend, Rambo. Wie ich sehe, bist du also zurückgekehrt? Wie gefällt dir dein rascher Fortschritt vom Überfluß zum Abfluß?«

Und der verlorene Sohn blickt auf und spricht: »Wahrlich, du tadelst mich gerecht mit deinen spitzen Sprüchen. Als ich großen Reichtum hatte, habe ich ihn nicht mit dir geteilt, doch nun gebe ich dir gern reichlich ab von dem, was mein ist.«

Und er schüttelt seine Bürste dem älteren Bruder entgegen, so daß ein beträchtlicher Klumpen einer äußerst unerfreulichen Masse in das Brandy-Glas seines Bruders plumpst, und sein Bruder zieht sich zurück und droht, ihn zu verraten.

Und der verlorene Sohn sucht seinen Vater auf und spricht zu ihm: »Siehe, all die Jahre hindurch, die ich in der Fremde war, muß mein selbstgefälliger, teiggesichtiger, heuchlerischer Stinkfisch von einem Bruder dir so auf die Nerven gegangen sein, daß du täglich mit den Zähnen geknirscht hast; wie kommt es aber dann, daß er alle möglichen Extravergünstigungen wie Brandy, Zigarren und dergleichen einheimst, während ich bis zu den Ellbogen im Kot anderer Leute stecke?«

Doch sein Vater antwortet ihm und spricht: »Dein Bruder ist ein Langweiler, aber wenigstens gehorcht er. Geh wieder an deine Arbeit, du nichtsnutziger Lump, und schätze dich glücklich.«

Der Vater geht, und der verlorene Sohn spricht zu sich selbst: »Verflixte Kiste! Jetzt wünschte ich, ich wäre nicht heimgekehrt. Siehe, ich bin ebenso hungrig, fühle mich doppelt so schuldig und rieche viermal so übel. Wahrlich, falls ich je durch ein Wunder einen Tag frei bekomme, so hege ich keinen Zweifel, wie ich ihn nutzen werde. Ganz sicher – einen Ausflug zu den Schweinen werde ich machen ...«

Mittwoch, 16. März

Verbrachte heute eine ziemlich lange Zeit damit, herumzurätseln, ob solche Sachen, wie Gerald sie gestern geschrieben hat, bedeuten, daß er Gott näher kommt oder daß er sich von ihm entfernt. Beim Tee, als er nicht in der Nähe war, sagte ich zu Anne: »Ich glaube, Geralds Zukunft macht ganz schön Dampf auf der Bestsellerliste.«

Sie sagte: »Schatz, die Erfahrungen der Vergangenheit lehren mich, daß das, was du gerade gesagt hast, für dich beinahe sicherlich einen Sinn ergibt, auch wenn es mir als völliger Unsinn erscheint. Wenn du mir deine Gedankengänge behutsam auseinandersetzen würdest, würde ich dir am Ende vielleicht sogar zustimmen.«

Tat sie auch.

Donnerstag, 17. März

Heute kam Thynn vorbei. Trieb ihn im Wohnzimmer in die Enge.

»Ach übrigens, Leonard«, sagte ich beiläufig, »ich bin dahintergekommen, warum die Sache mit Percy Brains Dach euch alle so zum Lachen gebracht hat.«

»Ach, tatsächlich?« sagte Leonard. »Und zwar?«

Drohte, ihn zu schlagen, falls er es mir nicht sagte, aber Anne und Gerald stürmten den Raum und retteten ihn. Alle drei begruben mich unter den Kissen auf dem Sofa, setzten sich auf mich und sagten, mein Versuch, die Information aus Thynn herauszulocken, sei nicht ausreichend überdacht gewesen. Nicht einmal der Apostel Paulus hat dergleichen durchmachen müssen. Er verleugnete nie seinen Glauben, ob er nun schiffbrüchig war, geschlagen wurde, hungern mußte oder im Gefängnis saß, aber wenn er es sich hätte gefallen lassen müssen, von seinen engsten Angehörigen und Freunden unter Sofakissen gesteckt und rittlings erdrückt zu werden, nur weil sie ihm nicht sagen wollten, was ihr dummer Witz zu bedeuten hatte, wäre die Geschichte vielleicht anders ausgegangen.

Er und ich könnten ein paar nette Geschichten austauschen...

Freitag, 18. März

Heute abend gehe ich mit Anne, Leonard, Gerald, Edwin und Richard indisch essen (Doreen wollte nicht mitkommen, keine Ahnung, warum), als eine Art Abschiedsfeier vor unserer großen Reise nach Australien nächste Woche.

Ich mag indisches Essen sehr – wirklich *sehr*, aber die Bestellerei in indischen Restaurants treibt mich zum Wahnsinn. Ich werde schon nervös, lange bevor wir von zu Hause aufbrechen. Kann die Aussicht nicht ertragen, wie alle mit den Speisekarten herumwedeln, sich endlich für etwas entscheiden, es sich dann anders überlegen, dann doch wieder auf ihre ursprüngliche Wahl zurückkommen und dann, sobald der Kellner erscheint, vergessen haben, wofür sie sich entschieden haben. Und was das Bezahlen angeht – ach, die ganze Sache treibt mich wirklich zum Wahnsinn.

Beschloß, der ganzen Schikane diesmal vorzubeugen.

Wartete bis gegen fünf, als Anne und Gerald zum Supermarkt gingen, und rief dann Edwin an, um ihn zu bitten, sich in der nächsten halben Stunde zu überlegen, was er essen wolle, und mir dann zu sagen, wofür er sich entschieden habe, wenn ich ihn wieder anriefe. Klang ein bißchen überrascht, sagte aber, er würde sein bestes tun.

Dann rief ich Leonard an. Mit Thynn zu telefonieren ist, als ob man versuchte, per Megaphon mit einem anderen Planeten zu kommunizieren – komplette Zeitverschwendung. Das Gespräch verlief folgendermaßen:

ICH: Hallo Leonard, bist du das?
THYNN: Ja, ich bin's.
ICH: Ich rufe wegen heute abend an.
THYNN: Na schön.
ICH: Du hast es nicht vergessen, oder?
THYNN: Oh, gut.

ICH: Nein, es ist nicht gut, wenn du es vergessen hast – also, hast du?

THYNN: Ich weiß nicht.

ICH: Was weißt du nicht?

THYNN: Ich weiß nicht, ob ich es vergessen habe, weil ich mich nicht erinnern kann, was ich nicht hätte vergessen sollen.

ICH: Du hast nicht vergessen, was wir heute abend vorhaben.

THYNN: Was haben wir denn heute abend vor?

ICH: Leonard, du *weißt*, was wir heute abend vorhaben.

THYNN: Ich weiß nicht, was wir vorhaben. Ich habe es vergessen.

ICH: Wir gehen indisch essen.

THYNN: Tut mir leid, George, ich kann nicht – ich gehe schon mit Adrian und Anne und den anderen zum Inder.

ICH: Hier spricht Adrian, du erbärmlicher Schwachkopf!

THYNN: Oh, tut mir leid, ich habe dich für George gehalten, aber – warte mal – wenn du Adrian bist, dann *weißt* du doch, was wir heute abend vorhaben.

ICH: Also, natürlich weiß ich, was *ich* weiß, klar! Ich wollte nur sichergehen, daß – ach was. Hör zu, Leonard, ich möchte, daß du mir schon mal sagst, was du heute abend essen willst.

THYNN: Tja, also, ich persönlich hätte durchaus gern etwas Indisches.

ICH: (*Pause, während ich die Spitze eines Bleistifts ins Mauerwerk unter der Fensterbank bohre*) Leonard, sag mir jetzt, welches Hauptgericht du heute abend im indischen Restaurant essen möchtest, oder ich komme rüber zu dir und püriere dich in deiner eigenen Küchenmaschine.

THYNN: (*leicht in Panik*) Schweinefleisch süßsauer wäre mir recht.

ICH: Das ist chinesisch.

THYNN: Nein, ist es nicht, es ist englisch. Ich sagte –

ICH: Schweinefleisch süßsauer ist ein chinesisches Gericht. Welches indische Gericht möchtest du?

THYNN: (*hilflos ratend*) Wie wär's mit Tandoori?

ICH: Tandoori ist ein kategorischer Terminus.

THYNN: Das ist okay – ich mag's gern kategorisch. Dazu hätte ich gerne Pilau-Reis, und jede Menge Poppadoms als Vorspeise.

ICH: (*seltsam betäubt*) Tandoori ist eine Zubereitungsart. Ich schreibe Hühnchen-Tikka für dich auf, okay, Leonard?

THYNN: O ja, prima, wenn du meinst, daß mir das besser schmeckt als diese – diese katastrophalen Termiten. Ich glaube, die hätten mir sowieso nicht gut geschmeckt. Klingt ziemlich übel, aber ich schätze, wenn man als armer Mann in Indien in der Nähe eines Waldes wohnt, muß man –

ICH: (*zaghaft unterbrechend*) Wir sehen uns heute abend um acht im Restaurant. Du weißt, in welches wir gehen, nicht wahr?

THYNN: Ja, das neben dem Kino.

ICH: Genau, es heißt »All The Raj«. Bis später.

THYNN: Bis später.

Nachdem ich mich von meinem Gespräch mit Thynn erholt hatte, rief ich Richard im Büro an und fragte ihn, worauf er Lust hätte. Nach einer kurzen, aber unbeschreiblich lächerlichen Diskussion über die Gefahr, versehentlich okkulte Gewürze zu sich zu nehmen, entschied er sich für ein Krabben-Biryani mit einfachem Reis und eine gefüllte Paratha. Schrieb alles sorgfältig auf.

Rief nochmals Edwin an und fragte ihn, ob er schon gewählt habe. Halleluja! Er hatte. Er nahm einen Tandoori-Grillteller mit einer großen Portion Gemüse-Curry und Nan-Brot.

Allmählich stieg mein Optimismus bezüglich des bevorstehenden Abends, wenn ich auch wußte, daß ich die härtesten Nüsse noch zu knacken hatte. Irgendwie mußte ich herausfinden, was Anne und Gerald bestellen würden, ohne daß sie merkten, was ich im Schilde führte. Legte mir einen listigen Plan zurecht.

Als sie mit den Einkäufen zurückkamen und ich ihnen half, die Tüten in die Küche zu tragen, sagte ich beiläufig: »Ich nehme an, ihr beiden würdet nicht zufällig gern den Inder heute abend sausen lassen? Wir könnten statt dessen in eine Kneipe gehen oder so.«

Fuhr fort, Zeug in der Speisekammer und im Kühlschrank zu verstauen, völlig eingedenk, daß Gerald und Anne sprachlos vor Verblüffung hinter mir standen. Drehte mich um und bemerkte sie.

»Was denn?«

»Paps«, sagte Gerald endlich, »ich kann nicht glauben, daß du das eben wirklich gesagt hast. Du fängst doch schon an zu sabbern wie ein ausgehungerter Hund, wenn nur jemand etwas von indischem Essen erwähnt.«

»Danke für diese taktvolle Bemerkung, Gerald«, erwiderte ich, »und du hast natürlich normalerweise ganz recht. Es ist nur so, daß – na ja, ich habe die meisten Sachen auf der Speisekarte schon probiert, und es wird allmählich etwas langweilig. Vielleicht wäre es mal Zeit für eine Abwechslung.«

Anne schüttelte fassungslos den Kopf und sagte: »Schatz, du hast noch *nicht* die meisten Sachen auf der Speisekarte probiert. Im Gegenteil, du suchst dir jedes einzelne Mal, wenn wir hingehen, genau dieselben Sachen aus.«

»Mama hat recht, Paps«, schaltete sich Gerald ein, »du bist berechenbarer als ein Preuße, der eine Backpflaumendiät macht.«

»Na, was soll ich denn dann heute mal nehmen? Was werdet ihr beide denn essen?«

»Ich weiß, was ich essen werde«, sagte Anne. »Ich will kein langweiliges Kneipenessen. Ich will Hühnchen-Kurma und dieses herrliche Linsengericht und jede Menge Spezialreis, und das werde ich auch bekommen, merk dir das!«

»Komm schon, Paps«, lockte Gerald, »du weißt, daß du eigentlich auch hinwillst. Nimm doch dasselbe wie ich. Ich nehme Lamm-Curry und diese Zwiebeldinger, die aussehen wie Bälle aus verhedderten Schnürsenkeln, und ungefähr eine Million Poppadoms mit dieser himmlischen Mango-Chutney.«

Versuchte, sie nicht sehen zu lassen, wie mir das Wasser im Mund zusammenlief.

»Also schön«, gab ich nach, »gehen wir eben zum Inder. Schließlich freuen sich Edwin und Richard und Leonard wahrscheinlich auch schon darauf. Die dürfen wir nicht enttäuschen.«

Rannte nach oben, um mir Annes und Geralds Bestellungen zu notieren. Triumphierte im stillen. Schön, meine Frau und meinen Sohn auch einmal ein bißchen verdattert dastehen zu sehen. Schreibe über das Essen, wenn ich wieder da bin.

22.30 Uhr.
Manche Menschen werden mit Schande geboren, manche erarbeiten sich Schande, und manchen wird die Schande übergestülpt. Ich muß einer der ganz wenigen Leute in der Weltgeschichte sein, auf die alle drei Fälle zutreffen.

Hätte ich mich nur noch einmal vergewissert, ob das Blatt Papier, daß ich einsteckte, bevor wir uns auf den Weg zum Restaurant machten, auch dasjenige mit der Liste der indischen Gerichte war. Das Blatt, das ich erwischte, stammte von demselben Notizblock neben unserem Bett, und es enthielt auch eine Liste, geschrieben mit demselben Stift. Da wir wie immer fürchterlich in Eile waren, schnappte ich es mir rasch und ging einfach davon aus, daß es das richtige sei. Selbst das wäre noch nicht so schlimm gewesen, wenn ich mir wenigstens die Mühe gemacht hätte, im »All The Raj« einen Blick auf das blöde Ding zu werfen, bevor ich es mit – nun, ich nehme an, es wirkte wie eine ziemlich überhebliche Geste – dem Kellner reichte. Es machte mir solchen Spaß, das Blatt schwungvoll aus der Tasche zu ziehen und zu verkünden, Speisekarten seien nicht nötig, da ich eine vollständige Liste aller unserer Wünsche hätte. Nicht einmal Annes mißbilligender Blick machte mir allzuviel aus. Ich fühlte mich prächtig, ein bißchen wie Hercule Poirot, wenn er am Ende eines Buches die versammelte Gesellschaft mit der Brillanz seines Verstandes blendet.

Der Unterschied zwischen dem großen Detektiv und mir ist natürlich, daß er ein Privatdetektiv ist, während ich im Begriff stand, öffentlich aufzutreten.

Der elegant gekleidete Kellner nahm mein Blatt Papier und studierte es einen Augenblick lang aufmerksam. Ein verdutzter Ausdruck erschien auf seinem höflichen Gesicht.

Er sagte: »Bitte entschuldigen Sie, Sir, aber diese Bestellung beginnt mit ›Widgeons Hinterteil‹ und endet mit ›Bewegliche Teile in Öl‹. Ein mir bekanntes indisches Gericht ist nicht darunter.«

Ich riß ihm das Blatt aus der Hand.

Anne sagte: »Du hast versehentlich deine Liste von Wochenend-Jobs, um die du dich um jeden Preis drücken willst, mitgebracht, was? Geschieht dir recht!«

Alle lachten sich kaputt. Gerald war natürlich begeistert. Wollte wissen, was in aller Welt »Widgeons Hinterteil« bedeuten könnte. Mit den letzten Fetzen von Würde, die mir noch geblieben waren, erklärte ich, daß Stephanie Widgeon mich gefragt hatte, ob ich ihr den hinteren Teil ihres Gartens umgraben würde, damit sie dort Gemüse anpflanzen könne. Weigerte mich, die »beweglichen Teile in Öl« zu erklären, da es schon genügend Heiterkeit auf meine Kosten gegeben hatte.

An diesem Punkt hätte Thynn beinahe dafür gesorgt, daß wir hinausgeworfen wurden. Es mache nichts, sagte er, daß ich die falsche Liste mitgebracht hätte, wahrscheinlich wüßten wir alle noch, was wir bestellt hätten.

»Ich zum Beispiel«, sagte er und wandte sich dem Kellner zu, »ich bin ziemlich sicher, daß ich noch weiß, was ich haben wollte.«

Der geduldige Kellner ließ seinen Kuli respektvoll über seinem Notizblock schweben.

»Ja«, sagte Thynn und gab sich auf lächerlich unglaubwürdige Weise weltmännisch. »Adrian sagte mir, eine Ihrer Spezialitäten seien katapultierte Termiten nach Tandoori-Art.«

Eine Art mikrokosmischer indischer Aufstand konnte nur vermieden werden, indem wir gegenüber dem zutiefst beleidigten Kellner und zwei seiner Kollegen, die herbeigerufen wurden, um Zeugen dieser üblen Nachrede gegen ihr angesehenes Etablissement zu werden, den Eindruck erweckten, Leonard sei ein bedauernswert verwirrter, aber harmloser Zeitgenosse, der die Gewohnheit habe, verrückte, unsinnige Dinge zu sagen (mehr oder weniger zutreffend, wenn man's recht bedenkt), und wir seien als seine Hüter oder Betreuer dabei.

Fühlte mich ein bißchen schuldig deswegen. Versuchte es Leonard zu erklären, aber er war so unwiederbringlich verwirrt, daß ich den Versuch aufgeben mußte, ihn auf eine gedankliche Reise von einem »kategorischen Terminus« zu »katapultierten Termiten« mitzunehmen, und einfach sagte, es sei alles meine Schuld, was natürlich, wie Anne unverzüglich anmerkte, auch der Fall war.

War daraufhin ein wenig deprimiert, nicht zuletzt, weil wir immer noch die ganze nervige Bestellerei vor uns hatten, aber ich wagte nicht, ein Wort der Klage zu äußern.

Edwin muß wohl gemerkt haben, daß ich ein wenig niedergeschlagen war. Als wir schließlich unser Essen vor uns hatten, nahm er eine Postkarte aus seiner Innentasche und hielt sie hoch. Auf der einen Seite war ein Bild mit einigen halbnackten afrikanischen Tänzern.

»Schaut euch das hier an«, sagte Edwin, »das ist heute morgen von Victoria Flushpool aus Afrika gekommen. Ich lese euch vor, was sie schreibt:

Lieber Edwin und alle in der Gemeinde,
Arbeit läuft sehr gut hier. Reicher Segen. Unerträgliche Moskitos. Haben uns am Dienstag so ein Stammestanzfest angeschaut. Begeisterung und Schamgefühl umgekehrt proportional zueinander. Stenneth studiert nach wie vor Titus. Afrika muß einmal gründlich aufgeräumt werden. Haben angefangen.

Alles Liebe, Victoria.«

Anne, Leonard und ich brachen in Gelächter aus, als wir den Inhalt der Postkarte hörten. Selbst Richard stieß ein zurückhaltendes, zischendes kleines Kichern aus. Gerald blickte verständnislos drein.

Er sagte: »Worüber lacht ihr alle so? Ich meine – das ist ja alles ganz lustig, aber doch nichts, worüber man sich ausschütten müßte vor Lachen – oder?«

Edwin erwiderte: »Ach, es ist nur die Sache mit Stenneth und Titus. Wenn man noch einen unumstößlichen Beweis brauchte, daß Victoria sich wirklich zum Besseren verändert hat, dann wäre das die Tatsache, daß sie so etwas auf einer Postkarte erwähnen kann, wo es die ganze Gemeinde lesen kann. Wirklich wunderbar.«

Gerald kapierte immer noch nicht. »Ich habe keine Ahnung, wovon du redest, Edwin. Was ist mit Stenneth und Titus?«

Begriff plötzlich, daß Gerald bei jenem denkwürdigen Anlaß, auf den Edwin sich bezog, gar nicht in der Gemeinde gewesen war.

Er war sogar weit weg gewesen, auf einer Art Wanderurlaub mit William Farmer. Fragte mich, wieso ich ihm nie davon erzählt hatte, aber ich kannte die Antwort, noch während ich mir die Frage stellte. Es wäre ein gefundenes Fressen für ihn gewesen.

Ich sagte: »Gerald weiß noch gar nicht, was damals passiert ist, Edwin. Erzähl du es ihm.«

»Na schön«, nickte Edwin, »wenn es Anne nicht stört. Es ist ein bißchen, äh...«

Anne lachte und sagte: »Edwin, der Ausdruck auf Victorias Gesicht an jenem Morgen ist eine der Erinnerungen, mit denen ich mich selbst aufheitere, wenn das Leben am finstersten ist. Allerdings bin ich wirklich froh, daß wir es dir damals nicht erzählt haben, Gerald.«

»Also gut«, sagte Edwin, »ich bin sicher, Victoria hätte auch nichts dagegen, wenn ich jetzt davon spreche. Ich erzähle dir, was passiert ist, aber sei mir nicht böse, wenn ich zusammenbreche, bevor ich fertig bin.« Bevor er anfing, starrte er einen Augenblick lang mit einem fast seligen Lächeln auf den Lippen in die Ferne.

»Es war vor einigen Jahren an einem Sonntag Ende August, als noch eine Menge Leute im Urlaub waren, so daß es im Gottesdienst nicht besonders voll war. Stenneth sollte im Gottesdienst eine Art kleiner Andacht halten, nicht die eigentliche Predigt, weil – nun ja, offen gesagt, damals war ich nicht allzu erpicht darauf, der Gemeinde die Flushpoolsche Denkweise zuzumuten. Aber Victoria hatte mir schon das ganze Jahr über immer wieder zugesetzt, ich soll Stenneth auch einmal ›am Wort dienen‹ lassen. Nicht daß die Initiative von ihr ausgegangen wäre, betonte sie, das wäre ja nicht biblisch gewesen. Nein, Stenneth war das Haupt der Frau, und wehe ihm, wenn er widersprach. Also gab ich schließlich nach und bot Stenneth bewußt gerade diesen Sonntag an, weil ich wußte, daß er nicht allzugut besucht sein würde. Um ganz ehrlich zu sein, der arme alte Stenneth war sowieso nicht scharf darauf, aber Befehl ist Befehl, und, wie er es ziemlich wehmütig ausdrückte: ›Die meisten Entscheidungen, die ich in meinem Leben treffen darf, sind zwischen einer Sache, die ich nicht will, und einer anderen Sache, die ich noch weniger will.‹

Nun, außerdem mußt du noch wissen, Gerald, daß die Flushpools selbst erst am vergangenen Freitag aus dem Urlaub zurückgekommen waren, und –«

»Sie nannten das aber nicht Urlaub, oder?« unterbrach Gerald. »Nannten sie das nicht immer ›Zeiten der erholungsorientierten Evangelisation‹?«

»Völlig richtig«, stimmte Edwin schmunzelnd zu, »erholungsorientierte Evangelisation, das war es. Nun, diese betreffende Zeit der erholungsorientierten Evangelisation war ein Preis, den Victoria und Stenneth in irgendeinem Wettbewerb gewonnen hatten – eine Tombola kann es wohl nicht gewesen sein, denn eine Tombola hätte auf der Sündenskala etwa auf derselben Stufe wie Massenmord gestanden –, jedenfalls hatten sie sie gewonnen, und nach einer Menge Wenn und Aber und gutem Zureden meinerseits entschlossen sie sich, zu fahren. Es war eine Woche in einem dieser sonnigen Mittelmeerbadeorte, und erst nach ihrer Abreise wurde mir plötzlich klar, daß die Strände in der Nähe ihres Hotels mit einiger Sicherheit voll mit Oben-ohne-Badeschönheiten sein würden. Vor meinem geistigen Auge stieg das Bild von Stenneth auf, wie er, immer noch in seinem korrekten Anzug mit Schlips und Kragen, auf einem Liegestuhl sitzt, den Blick starr an den fernen Horizont gerichtet, und wie Victoria unablässig an seiner Seite grimmigen Gesichts jede Bewegung seiner Augäpfel überwachte.«

Wir alle saßen einen Moment lang fasziniert schweigend da und stellten uns die Szene vor, wie Edwin sie geschildert hatte.

»Nun«, fuhr Edwin fort, »irgendwie, nicht über mich, das kann ich euch versichern, sickerte durch, daß die Flushpools an einen FKK-Strand in Südfrankreich gefahren seien, und als sie zurückkamen, waren bereits etliche Witze darüber im Umlauf, und ich mußte tatsächlich einige Leute bitten, sich ein bißchen zurückzuhalten, weil ich nicht wollte, daß Victoria und Stenneth vor den Kopf gestoßen werden.

Also, der Sonntagmorgen kam, und der alte Stenneth hatte beschlossen, ein paar Worte über das neutestamentliche Buch zu sagen, mit dem er sich während des Urlaubs in seiner Andachtszeit beschäftigt hatte. Eins muß man ihm lassen – am Samstag hatte er fünf kleine Kinder von Eltern, die definitiv am Sonntag kommen würden – es war ein Familiengottesdienst, wißt ihr – angerufen und gebeten, ihm bei der Einleitung zu seinem Thema zu helfen. Dann, am Sonntag morgen, kurz bevor der Gottesdienst begann, gab er jedem der Kinder ein großes, rechteckiges Stück Karton mit einem Buchstaben darauf, das es hochhalten sollte, wenn er mit seiner Andacht begann …«

Ein plötzlicher Lachkrampf brachte Edwin für einen Augenblick zum Verstummen. Er riß sich zusammen und fuhr fort.

»Tut mir leid. Der Anfang des Gottesdienstes lief ganz gut, und dann war Stenneth mit seiner Andacht dran. Victoria saß gleich in der ersten Reihe, bereit, ihren Mann sozusagen durch ihre sichtlich erwartungsvolle Haltung anzufeuern, und Stenneth fummelte nervös mit ein paar Blättern Papier herum und versuchte, den Mut zusammenzuraffen, tatsächlich seinen Mund aufzumachen und etwas zu sagen. Dann fing er endlich an.

Er sagte: ›Darf ich die hinten sitzenden Kinder bitten, hier zu mir nach vorn zu kommen, damit alle sehen können, worüber wir hier reden.‹

Also, die Kinder marschierten feierlich nach vorn und stellten sich in einer schnurgeraden Linie neben und hinter Stenneth auf und hielten ihre Karten bereit, um sie aufs Stichwort hochzuhalten.

›Schön, Kinder‹, sagte Stenneth fröhlich, ohne darauf zu achten, daß die Kinder über irgend etwas irritiert zu sein schienen, ›und jetzt zeigt allen Leuten, was ich die ganze letzte Woche im Urlaub studiert habe.‹

Als die Kinder ihre Karten hochhoben, hätte sich natürlich das Wort ›TITUS‹ ergeben sollen. Tat es aber nicht. Zu Stenneths Pech war ›U‹ mal eben zur Toilette entwischt, kurz bevor es losging, und daraus ergab sich« – wieder erstickte er beinahe – »eine ziemlich bedeutungsschwere Lücke.«

Ich habe Gerald noch nie so lachen sehen wie an dieser Stelle in Edwins Erzählung. Am Ende war er ganz rot im Gesicht, und wir mußten ihm auf den Rücken klopfen und einen Schluck Wasser einflößen. Als er sich wieder erholt hatte, fragte er Edwin, wie der Rest der Gemeinde reagiert habe.

»Nun, ich kann nur sagen, daß Menschen bisweilen zu ganz unglaublicher Zurückhaltung fähig sind. Ich glaube, kein einziger lachte an dieser Stelle tatsächlich laut los, aber als ›U‹ plötzlich von der Toilette herbeigerannt kam und seinen Platz zwischen ›T‹ und ›S‹ einnahm, schien eine der Jugendlichen, die hinten saßen, einfach zu platzen. Sie beugte ihren Kopf hinab und fing vor Lachen buchstäblich an zu schluchzen. Stenneth, der immer noch keine Ahnung hatte, was vor sich ging, bat darum, jemand möge mit ihr in einen anderen Raum gehen und ihr geistlichen Trost spenden. Wie wir anderen es fertig brachten, mit keiner Wimper zu zucken, werde ich nie begreifen. Es herrschte ein ungemein starkes Gemeinschaftsgefühl in der Gemeinde an jenem Tag – gemeinsam Erlittenes schweißt eben zusammen, schätze ich. Aber Menschenskinder, was für ein Augenblick!« Er hielt die Postkarte noch einmal hoch. »Und darum bedeutet das hier so viel.«

»Meine Güte, ja«, sagte Anne, »in dem Augenblick war Victoria so verdattert, daß sie kein einziges Wort herausbrachte. Sie sah aus, als wollte sie dem Stadtrat die Schuld geben, daß ihr ein Berg auf den Kopf gefallen war, wüßte aber insgeheim, daß es ein Akt Gottes war.«

»Vielleicht war es das ja«, lächelte Edwin.

Als wir heute abend nach Hause kamen, sagte Gerald zu mir: »Eines ist mir an dieser Titus-Episode noch unklar.«

»Ja«, sagte ich, »und zwar?«

»Welches geistesgegenwärtige Gemeindeglied hat ›U‹ dazu bestochen, mit einem so perfekten Timing zu verschwinden?«

Samstag, 19. März

Fieberhafte Vorbereitungen für Australien. Jeder von uns darf einen großen Koffer und eine kleine Reisetasche mitnehmen. Ich hasse Packen. Es ist, wie wenn auf dem Flohmarkt eine Granate hochgeht. Überließ es Anne.

Thynn brachte seinen Koffer voller Stolz heute abend vorbei und bat Anne, ihn durchzuchecken. Wie sie feststellte, war er randvoll mit dicken Pullovern und Schals und Wollsocken und einem sehr schweren Mantel. Anne wies ihn behutsam darauf hin, daß in

Australien gerade Hochsommer sei und die meisten Leute dort in T-Shirts und kurzen Hosen herumlaufen würden. Thynn lachte, als ob sie einen besonders komischen Witz gemacht hätte. Verbrachte die nächste halbe Stunde damit, Thynn dabei zu helfen, sein Wissen auf den Stand von Galileo zu bringen. Nur ungefähr vierhundert Jahre Verspätung.

Anne ging mit Leonard nach Hause, um ihm zu helfen, und brachte ihn dann wieder mit zurück, damit er heute und morgen nacht bei uns bleibt.

Es geht wirklich los!

Wie ist es nur möglich, daß die einzige Person in Großbritannien, die noch für die Gesellschaft zur Pflege des Glaubens an die flache Erde qualifiziert ist, einen Witz über etwas, das ich nicht richtig überdacht habe, versteht, während mir dieser Witz zu hoch ist?

Sonntag, 20. März

Heute morgen im Gottesdienst rief Edwin Anne, Gerald, Leonard und mich nach vorn und sprach einen Segen über uns. Wurde plötzlich sehr weinerlich und unsicher. Wenn nun England im Meer versinkt, während wir weg sind?

Ging nach dem Mittagessen spazieren. Warum habe ich eigentlich noch nie zuvor gemerkt, wie hübsch unsere Heimatstadt ist? Lauter nette, anheimelnde, vertraute Gebäude und Straßen und Leute. Wünschte, es würde irgend etwas passieren, das uns an der Reise hindert.

Jetzt ist es Nacht geworden. Hilf mir, Jesus, ich habe Angst.

Montag, 21. März

So ein Morgen kann Wunder wirken. Die Ängste von gestern schwanden alle mit der Nacht dahin.

Abschiedskärtchen von Stephanie Widgeon unter der Tür hindurch, kurz bevor wir aufbrachen. Kleine Fußnote, die uns dringend mahnte, daran zu denken, daß die Kirche nicht aus dem Gebäude besteht, sondern aus den Leuten. Allmählich nervt es mich ein wenig.

Fuhren am Nachmittag ganz aufgeregt nach Heathrow. Maschine startete gegen zweiundzwanzig Uhr dreißig.

Jetzt sind wir seit ungefähr sechs Wochen in diesem Flugzeug. Während der ersten Stunden bin ich dreimal durch den Gang nach hinten zur Toilette gegangen, fand aber nicht heraus, wie man hineinkommt. Vollführte jedesmal jede Menge Streckübungen und tiefes Durchatmen vor der Tür, um die Leute davon zu überzeugen, ich sei nur der Bewegung wegen gekommen. Schließlich bekam ich eine Tür auf, brachte es aber dann beim besten Willen nicht fertig, wieder herauszukommen. Verbrachte eine halbe Stunde da drinnen (verpaßte vier Mahlzeiten), bis Anne eine Stewardeß schickte, um nachzusehen, ob mit mir alles in Ordnung sei. Höchst peinlich. Sie führte mich behutsam von hinten zurück zu meinem Sitzplatz, als ob ich an einer schweren geistigen Behinderung litte.

Kam zurück und fand Leonard immer noch eingerollt und zusammengefaltet in seinem Sitz der Sardinenklasse, wie er mit geschlossenen Augen vor sich hin murmelte. Tippte ihm auf die Schulter und fragte, was er da mache.

Er sagte: »Ich mache das, was Jesus uns befohlen hat.«

»Und das wäre?«

»Ich bete für die Leute, die ich hasse.«

»Und wer ist das?« fragte ich.

»Die Passagiere in der ersten Klasse.«

Ich glaube, ich komme jetzt mit den Toiletten klar.

Anne und Gerald schlafen jetzt schon seit drei oder vier Stunden. Stark in Versuchung, sie zu wecken und wissen zu lassen, daß ich nicht schlafen kann. Es hat nie etwas anderes gegeben und wird nie etwas anderes geben als dieses Flugzeug, das träge durch die Nacht dröhnt und so tut, als wäre es auf dem Weg nach Australien.

Dienstag, 22. März

Komme nicht dahinter, ob Dienstag jetzt Montag, Mittwoch oder immer noch Dienstag ist, aber ein anderes Stück vom Dienstag, als es wäre, wenn wir noch in England wären. Alles, was ich mir in der Welt wünsche, ist genug Platz, um mich horizontal zu machen.

Mittwoch, 23. März

Endlich gelandet. Alles in mir sagte, es sei Zeit, ins Bett zu gehen, aber alles um mich her sagte, es sei Zeit zum Aufstehen. Kam aus der Flughafenhalle in Perth in eine Hitze, die mir auf den Kopf prallte wie ein Hammer. Unsere Gastgeber, die die Freundlichkeit selbst sind, holten uns ab. Brachten uns in ihr großes, schattiges Haus mit Swimmingpool und Liegestühlen und jeder Menge kalter Getränke und zirpender Zikaden, wo wir angewiesen wurden, uns für den Rest des Tages zu entspannen und es uns gutgehen zu lassen.

Jet-lag ist ein ganz merkwürdiges Gefühl. Der Wille tut einen Schritt vorwärts oder streckt die Hand nach einem Glas aus, aber dann muß man eine oder zwei Sekunden warten, bis es wirklich passiert. Wie in einem Traum.

Thynn ziemlich verdattert, als die beiden Kinder unserer Gastgeber, zwei kleine Mädchen von etwa fünf und sechs Jahren, nach hinten in den Garten gerannt kamen, als sie aus der Schule eintrafen, und ihn voller Ehrfurcht anstarrten.

»Sind Sie wirklich Leonard Thynn?« fragten sie.

»Nun, ja, der bin ich«, antwortete Leonard.

»Möchten Sie sich unsere Katze ausleihen?« sagten die beiden und rannten dann kichernd zurück ins Haus.

Die Tatsache, daß sie *mich* nicht so ehrfürchtig angestarrt haben, stört mich nicht besonders. Ich meine, warum sollten sie auch? Schließlich habe ich ja nur die Bücher geschrieben, oder?

Muß heute nacht mal richtig gut ausschlafen – freue mich schon auf die Aufführung morgen. Hoffentlich wird mein schüchterner Ja-ja-ich-bin's-Leute-aber-ich-bin-auch-nicht-anders-als-ihr-Ausdruck auf dem Gesicht dort ein bißchen wirksamer sein als bei Reginalds und Eileens Nachmittagstee-Club.

Donnerstag, 24. März

Heute nachmittag Abfahrt nach Bongalinga Creek. Mußten ziemlich früh aufbrechen. Offenbar kann sich das, was die Australier unter »nur die Straße hinunter« verstehen, irgendwo zwischen fünfzig und fünfhundert Meilen bewegen.

Was für einen Empfang man uns in dem Theater bereitete! Vor der Vorstellung gab es ein riesiges Fischbüfett mit der gesamten Besetzung und Technikermannschaft. Fand, daß Thynn sich ein bißchen überkandidelt benahm. Er hatte sich einen großen Buschhut gekauft, komplett mit von der Krempe baumelnden Korken gegen die Fliegen, und bestand darauf, ihn im Theater aufzusetzen. Aber die anderen schienen ihn alle wunderbar zu finden. Saugten jedes seiner Worte auf. Zu uns anderen waren sie auch sehr nett, aber es bestand kein Zweifel daran, wer der Star war. Sie lachten über alles, was er sagte, als wären es samt und sonders überragend geistreiche Bemerkungen, einschließlich seiner Bitte um eine exakte Wegbeschreibung zur Ramsay Street aus der Fernsehserie, was auch gut so war, denn er meinte es todernst.

Das Stück kam hervorragend an, und das Publikum applaudierte uns am Ende, und die Darsteller bekamen stehende Ovationen.

Hinterher, als wir zurück in unserer Unterkunft waren, unterhielten wir uns über unsere Eindrücke.

Ich sagte: »Der Mann, der dich gespielt hat, war wirklich gut, Leonard. Erstaunlich, daß er dir noch nie begegnet war – er war dir so ähnlich.«

»Das finde ich überhaupt nicht«, sagte Leonard ziemlich beleidigt, »der Leonard Thynn in dem Stück war ein merkwürdiger, leicht verrückter Kerl, der ständig allen im Weg war und meistens keine Ahnung hatte, wovon er redete.«

Ich lachte und sagte, genau das hätte ich ja gesagt. Leonard wurde richtig böse. Sagte, der Mann, der mich in dem Stück gespielt habe, sei mir noch ähnlicher als ihm der Mann, der ihn gespielt habe.

Was für ein Unsinn!

»Die Figur, die denselben Namen hatte wie ich«, sagte ich, »war ein pedantischer, sturer, verkniffen dreinblickender, irregeleiteter Typ, der unfähig war, zu sehen, was sich direkt vor seiner Nase abspielte. Liebenswert auf seine schwerfällige Art, aber im Grunde ziemlich dämlich. Du willst doch nicht ernsthaft andeuten, daß ich so jemand bin, oder?«

Kurzes Schweigen, dann sagte Anne: »Reden wir über etwas anderes, ja?«

Sieht Anne ähnlich, Leonard allzu große Peinlichkeiten zu ersparen.

Freitag, 25. März

Heute freie Zeit. Scheine inzwischen richtig aufgewacht zu sein. Machten eine kleine Tour durch die Stadt – wunderschön. Thynn maulte dauernd über die Hitze. Hatte freilich nicht ganz unrecht. In der Sonne hielten wir es nicht lange aus. Fast den ganzen Tag Temperaturen um dreißig Grad, teilweise darüber.

Beschlossen, heute nachmittag eine von Perths Kunstgalerien zu besuchen. Eigentlich alles andere als Thynns Geschmack, so daß ich erstaunt und ziemlich erfreut war, als ich ihn in der Ferne entdeckte, wie er völlig reglos vor einem der Exponate stand und es mit einem Ausdruck ekstatischer Verzückung auf dem Gesicht unverwandt anstarrte. Ging ein Stück näher heran, um herauszufinden, welches Kunstwerk ihn da so in seinen Bann schlug. Aus der Ferne schien es etwas Abstraktes zu sein, ein rechteckiges, kastenförmiges Objekt mit Reihen kleiner quadratischer Öffnungen. Wollte nicht zu nahe heran, um ihm den Zauber nicht zu zerbrechen.

Flüsterte Gerald zu: »Schau dir das an! Leonard ist ja richtig begeistert von diesem modernen Werk. Was mag wohl gerade an diesem Exponat sein, das ihn so anspricht? Wie es wohl heißt?«

Gerald spähte zu Leonards abstraktem Kunstwerk hinüber und sagte trocken: »Ich glaube nicht, daß dieses Werk einen Titel hat, aber wenn, dann würde es, glaube ich, einfach ›Klimaanlage‹ heißen.«

Samstag, 26. März

23.30 Uhr.

Sehr gute Veranstaltung heute abend in einer kleinen Stadt nicht weit von Perth. War sehr stolz auf meine kleine Mannschaft, die die Bücher verkaufte, die Leute zu ihren Sitzen führte und sich allgemein nützlich machte.

Mußte mal wieder eine von Thynns verrückten Ideen ablehnen,

bevor wir loslegten. Ihm fallen im Moment dauernd »Tricks« ein, um mir bei meinen Vorträgen zu helfen. Wünschte, er würde damit aufhören.

Ich saß allein in dem kleinen Zimmer hinter der Bühne, kurz bevor es losgehen sollte, als er hereinstürmte, in der einen Hand ein Buch, in der anderen eine große halbe Zwiebel.

Hielt mir die Zwiebel vors Gesicht und sagte: »Benutze das hier!«

Sah ihn verständnislos an. Manchmal kann ich das Gefühl nicht abschütteln, daß sich irgendwo draußen im All, auf einem weit entfernten Planeten, ein außerirdisches Wesen verzweifelt fragt, warum Leonard so lange von zu Hause fort bleibt.

»Was soll ich benutzen?« fragte ich.

»Diese Zwiebel!« sagte er mit schäumender Begeisterung. »Habe ich heute gekauft. Du mußt sie direkt vor der Stelle benutzen, wo du immer deine Stimme brechen läßt.«

»Ich *lasse* meine Stimme nicht brechen, Leonard«, sagte ich würdevoll. »Falls und wenn mir die Stimme bricht, dann vor echter Gefühlsbewegung.«

»Na, dann benutze sie eben direkt vor der Stelle, wo du immer deine Stimme vor echter Gefühlsbewegung brechen läßt«, beharrte er.

Hasse es, wenn Thynn solche Sachen sagt. So etwas von herabsetzend. Sehr in Versuchung, ihm die halbe Zwiebel in den Hals zu stopfen. Widerstand der Versuchung. Bevor man über Gott redet, sollte man meditieren und beten, nicht Leuten Gemüse in den Hals stopfen. Beschloß, das vernebelte Labyrinth seines Geistes zu erforschen.

Ich sagte: »Leonard, bitte erkläre mir so ruhig und verständlich, wie du kannst, inwiefern mir eine halbe Zwiebel als wichtig für den Erfolg meines Vortrags heute abend erscheinen könnte.«

»Du reibst damit dein Gesangbuch ein, bevor du anfängst«, sagte er in einem Tonfall, wie man ihn anwendet, wenn jemand sich absichtlich begriffsstutzig stellt.

»Ich reibe damit mein Gesangbuch ein?«

»Ja, du reibst damit dein Gesangbuch ein, und dann, wenn du an die Stelle kommst, wo du immer – wo du immer *aufrichtig* deine

Stimme brechen läßt, halte dir das aufgeschlagene Buch vors Gesicht, als ob du wirklich tief gerührt wärst, und rieche an der Seite, die du mit der Zwiebel eingerieben hast. Die Leute mögen Tränen, oder nicht? Sie werden denken, daß du wirklich meinst, was du sagst. Gut fürs Geschäft.«

»Gut fürs Geschäft?« Schüttelte ungläubig den Kopf. Mir fiel nichts mehr ein.

»Das habe ich in diesem Buch gelesen, das ich mir aus England mitgebracht habe«, fuhr Thynn fort, »da sind eine Menge guter Tips drin.«

Nahm ihm das Buch aus der Hand. Es war ein verblaßtes Taschenbuch, gedruckt in den fünfziger Jahren, mit dem Titel *Erfolgreich evangelisieren*, geschrieben von einem Mann namens Conroy Orville Nathanburger der Dritte. Schlug irgendwo auf und las den folgenden Abschnitt laut vor.

»...wenn das Ende der Versammlung naht, schließen Sie fest Ihre Augen, um anzudeuten, daß Sie sich auf die Anweisungen einer mystischen inneren Stimme konzentrieren. Dann bitten Sie alle Anwesenden mit angemessen leiser und ernster Stimme, ihre Köpfe zu neigen und ihre Augen zu schließen, während Gott an ihren Herzen wirkt. Nach einer kurzen, aber – hoffentlich – bedeutsamen Pause laden Sie diejenigen, die den Eindruck haben, daß Gott sie angerührt hat, dazu ein, eine Hand zum dankbaren Bekenntnis zu heben, während Sie sehr eindringlich dazu mahnen, die Augen weiterhin geschlossen zu halten. Es könnte an dieser Stelle notwendig sein, die Reaktion Ihrer Versammlung sozusagen zu ›massieren‹. Ich selbst finde es sehr hilfreich, wenn sich keine einzige Hand hebt, demütig, herzlich und dankbar Dinge zu murmeln wie: ›Vielen Dank, Sir. Danke, Madam. Danke, mein Junge – dein Gehorsam wird dir großen Segen einbringen.‹ Diese kleine, harmlose Täuschung wird unter Garantie einen nahezu magisch stimulierenden Effekt auf widerspenstige Versammlungen haben...«

»Guter Trick, was?« sagte Leonard.

»Nein, Leonard«, erwiderte ich, »das ist kein ›guter Trick‹. Das ist ein abscheulicher, widerwärtiger Trick. Ich will die Leute nicht täuschen – ich will ihnen die Wahrheit sagen.«

In diesem Moment kamen Anne und Gerald herein, um zu sagen, daß die Veranstaltung gleich beginnen würde. Anne fragte, was wir hier machten.

Ich sagte: »Ich erkläre gerade Leonard, daß jemand, den der Herr zur Erlösung ruft, zum Glauben kommen wird, ob ich ihn nun mit einer Zwiebel täusche oder nicht.«

Gerald und Anne musterten mich einen Augenblick lang und tauschten dann jenen mitleidigen, besorgten Blick aus, der ein Teil meines Lebens ist, seit Gerald ungefähr sechs Jahre alt war. Mir kam der Gedanke, daß ich mich vielleicht nicht ganz klar ausgedrückt hatte. Wollte erklären, aber Gerald ließ mir keine Chance.

»Weißt du, Paps, du bist so eine Art theologischer Captain Kirk, was? Du dringst kühn in Gebiete vor, in die noch kein Mensch vorgedrungen ist. Ich glaube nicht, daß irgend jemand vor dir den Mut oder die – die Originalität besessen hat, das schamhaft verdrängte Problem der Zwiebeltäuschung in der heutigen Gemeinde Jesu auf den Tisch zu bringen. Wie willst du es anstellen? Ich vermute, das Übel wird Schicht um Schicht aufgedeckt werden müssen.«

Wollte gerade Gerald für seine etwas unbeholfene Satire darauf hinweisen, daß es eine vollkommen vernünftige Erklärung für das gab, was ich gesagt hatte, als ich plötzlich hörte, wie ich angekündigt wurde, und gehen mußte.

Erklärte es Anne später.

Wirklich hervorragender Abend nach Thynns Unsinn. Jede Menge Gelächter und ein paar Tränen – auch ohne Zwiebel. Die Leute in Australien scheint es nicht zu stören, wenn man sich über sie lustig macht, solange man nur damit anfängt, sich über sich selbst lustig zu machen. Jetzt, wo ich neben Anne im Bett liege und dies hier schreibe, bin ich ziemlich guter Dinge. Und wir haben sieben freie Tage vor uns, um mit einem geliehenen Auto mit Klimaanlage Ferien zu machen. Danke, Gott!

Werde mir die Tagebucheinträge bis nächsten Freitag, dem Tag vor meiner nächsten Veranstaltung (offenbar eine größere), sparen.

Freitag, 1. April
Wunderbarer Urlaub. Wir fuhren von Motel zu Motel und ließen uns in jedem davon, sobald wir eintrafen, in den Pool fallen. Gingen in den vorzüglichen »Sizzlers«-Restaurants essen, wo man Steak und Pasta und soviel Eis bekommt, wie man essen kann. Wateten spätabends am Rande des Ozeans durch warmes Meerwasser. Streichelten Koalas in Gehegen. Versuchten nachts, mit Apfelkerngehäusen Opossums vom Dach herunterzulocken. Kämpften mit den Moskitos, deren Leibgericht rosafarbene, reife Ausländer sind. Selbst die »Mozzies« konnten uns den Spaß nicht verderben. Wir lieben Australien.

Ziemliche Überraschung nach etwa einer halben Woche, als Gerald, der etwa fünf Minuten lang auf einem Zettel herumgekritzelt hatte, plötzlich sagte: »Ich glaube, nächstes Jahr sollten wir eine Tour durch Neuseeland machen, Paps.«

Fragte ihn, warum.

Er sagte: »Na ja, ich habe von einer Stadt in Neuseeland namens Rotarua gelesen, offenbar ein großer Touristenmagnet.«

»Und da möchtest du hin?«

»Nur wenn ich mit einem Mädchen namens Rhoda hinfahren oder dort jemanden kennenlernen kann, der Rhoda heißt.«

»Wie – *irgendein* Mädchen namens Rhoda?«

»Na ja, mit drei Einschränkungen. Sie muß rote Haare haben, ein wenig Übergewicht haben und gerne rudern, aber sie braucht kein eigenes Ruderboot, das kann sie sich von einem Freund namens Rudi ausleihen.«

Starrte ihn einen Moment lang an. Ich sagte: »Du willst jetzt, daß ich dich frage, warum, stimmt's?«

»Na ja, wenn du es nicht tust, habe ich gut zehn Minuten verschwendet, indem ich mir das ausgedacht habe.«

Seufzte. »Also schön, dann schieß los – warum?«

»Weil ich dann hinterher sagen kann: ›Die rote runde Rhoda rudert Rudis Ruderboot nach Rotarua.‹«

Sie müssen wissen, es war wirklich ein *sehr* heißer Tag gewesen...

Samstag, 2. April

Ziemlich erschrocken über die Größe der Veranstaltung heute abend. Müssen ungefähr tausend Leute gewesen sein. Machte mich ziemlich nervös, als ich während des Anbetungsteils auf dieses riesige Meer von Gesichtern hinausblickte. Schloß die Augen und versuchte, mich auf Gott zu konzentrieren, wurde aber abgelenkt durch den Gedanken, wieviel Geld ich verdient hätte, wenn jeder der Anwesenden drei Pfund Eintritt bezahlt hätte und ich nach Abzug aller Kosten auf beiden Seiten sechzig Prozent des Gewinns bekommen hätte. Ungefähr dreitausend Pfund minus, sagen wir, dreihundert für die Kosten der Veranstalter und zweihundert für meine Kosten, dann bliebe noch irgend etwas in der Größenordnung von –

»Entschuldigen Sie, Bruder, ich weiß, wie wichtig und kostbar die Zeit mit dem Herrn ist, wenn man gleich sprechen soll, aber ich wollte Sie nur kurz auf etwas hinweisen.«

Es war der Organisator der Veranstaltung, Gary Turnbull, der neben mir saß. Schämte mich ziemlich. Versuchte auszusehen wie jemand, der gerade mitten aus dem siebten Himmel gerissen wurde, aber bereit ist, seine weitere geistliche Verzückung für die irdischen Bedürfnisse seines Nächsten zu opfern. Kräuselte meine Augen und flüsterte: »Schon gut, was gibt's?«

Er sagte: »Ich wollte Sie nur wissen lassen, daß wir am Ende eine halbe Stunde Zeit für Ihren Dienst gelassen haben.«

Starrte ihn verständnislos an.

Ich sagte: »Ach ja? Äh... was ist denn das? Wenn Sie von meinem Dienst sprechen, meinen Sie, äh...?«

»Na, Sie wissen schon, Entscheidung für Christus, Neuanfang mit Christus, körperliche Heilung – all diese Dinge.«

Verging plötzlich vor Entsetzen. Sagte mit schwacher Stimme: »Solche, äh... Dienste tue ich eigentlich nicht.«

Er sah mich einen Moment lang an und sagte dann: »Kein Problem, ich erledige das für Sie.«

Danach war ich noch nervöser. Die Art, wie Gary mich nach der Anbetungszeit ankündigte, machte die Sache auch nicht besser.

Er sagte mit tiefer, vibrierender Stimme: »Meine Freunde, durch die Worte des Mannes, der gleich an dieses Mikrofon treten wird, wird der Herr euer Leben verändern, das kann ich euch versprechen. Freunde, er wird euch zum Lachen bringen. Er wird euch zum Weinen bringen. Er wird die Macht und das Licht Gottes wie auf Flügeln ins Innerste eures Herzens tragen. Freunde, wenn ihr heute abend diesen Saal verlaßt, werdet ihr wahrhaftig wissen, daß ihr in der Gegenwart des Höchsten gewesen seid. Die Gerechtigkeit Gottes und die Liebe Gottes werden euch auf wunderbare Weise offenbart werden, wenn unser Bruder Zeugnis vom mächtigen Walten der zweifachen Vorsehung ablegt.«

Verwarf im stillen meine kleine Einstiegsgeschichte über einen Pfarrer, einen Ballon und eine mutierte Ananas.

»Öffnet eure Herzen, Freunde«, fuhr Gary fort, »um den Segen zu empfangen, nach dem ihr euch seit Jahren gesehnt habt. Begrüßt mit mir den Boten Gottes, der jetzt mit geheiligten Lippen und einer gesalbten Zunge vor euch steht.«

War inzwischen so nervös, daß, als ich endlich tatsächlich ans Mikrofon kommen durfte und zu sprechen versuchte, meine geheiligten Lippen und meine gesalbte Zunge so trocken waren, daß ich für ein paar Sekunden nichts als unverständliche Laute hervorbrachte. War in Versuchung, zu verstummen und in ernstem Schweigen auf eine Übersetzung zu warten.

Fürchte, mein Vortrag blieb weit hinter Garys Vorschußlorbeeren zurück. Hauptsächlich gerade deswegen, weil ich versuchte, die von ihm geäußerten Erwartungen zu erfüllen. Irgendwie lähmt es mir regelrecht die Zunge, wenn Leute sagen, ich würde Zeugnis vom mächtigen Walten der zweifachen Vorsehung ablegen.

Beendete meine Ansprache in der Hoffnung, das trübsinnige Schweigen sei ein Zeichen dafür, daß die Leute tief bewegt seien. Glaube es aber nicht. Wahrscheinlich eher ein Zeichen dafür, daß ich lieber doch die Geschichte von dem Pfarrer, dem Ballon und der mutierten Ananas hätte erzählen sollen. Merkte plötzlich, wie dumm es von mir war, mich so von den Erwartungen eines anderen beeinflussen zu lassen. Ließ mich unglücklich auf meinen Stuhl sinken und machte mich daran, in aller Stille zu sterben.

Gary ließ sich nicht im mindesten aus dem Rhythmus bringen. Das tun Garys nie. Er schraubte sich in Zeitlupe von einem Stuhl hoch, ganz behutsam und leise, um die Atmosphäre nicht zu zerstören, verströmte Bedeutungsschwere aus allen Poren und sprach mit noch tieferer und noch vibrierenderer Stimme ins Mikrofon als zuvor:

»Ich bin sicher, ihr seid durch dieses geistdurchwirkte Wort ebenso bewegt und herausgefordert worden wie ich, meine Freunde« – klar doch –, »und ich möchte euch jetzt Gelegenheit geben, auf die Berührung Gottes in eurem Herzen zu antworten. Geht heute abend nicht hier weg, Brüder und Schwestern, ohne ganze Sache mit dem lebendigen Gott gemacht zu haben, ich bitte euch.«

Plötzlich wurde er ganz geschäftsmäßig.

»Okay! Unsere Seelsorgehelfer stehen bereit. All diejenigen, die sich zum erstenmal für Jesus entscheiden wollen – vielleicht könntet ihr euch da drüben an der linken Seite der Bühne anstellen. All jene, die einen Neuanfang mit Jesus machen wollen – darf ich euch bitten, hier rechts von mir eine Schlange zu bilden? Diejenigen, die körperliche Heilung brauchen, stellen sich bitte einfach in der Mitte zwischen diesen beiden Reihen an, und alle, die in keine dieser Kategorien passen – vielleicht könntet ihr euch da oben bei den Stufen ganz rechts am Bühnenrand und, falls durch den Andrang eine zweite Reihe notwendig sein sollte, ganz links außen anstellen.«

Theoretisch alles ganz einfach, aber am Ende führte es dazu, daß Hunderte von Leuten mit ratlosen Gesichtern durch die Gegend irrten und Dinge sagten wie: »Die Sache ist die – ich möchte einen Neuanfang machen, aber ich brauche auch körperliche Heilung; muß ich mich jetzt in dieser Reihe anstellen oder in dieser oder etwa in der da drüben?«

Die ganze Sache nahm allmählich die Form eines schlecht organisierten göttlichen Flohmarktes an, bei dem die Leute von einer Reihe zur nächsten gingen, um zu sehen, was hier angeboten würde. War heute abend richtig froh, wieder im Hotel zu sein. Erzählte Anne von dem Abend und fragte sie, warum ich mich ihrer Meinung nach wohl so schuldig und unglücklich fühle.

Ohne auch nur eine Sekunde lang nachzudenken, sagte sie: »Du fühlst dich schuldig, weil du versucht hast, den Gary zu machen statt den Adrian, und du bist unglücklich, weil du die Leute vermutlich dadurch unsäglich gelangweilt hast.«

Ich sagte: »Nein, keine falsche Zurückhaltung, Anne, sag mir ganz genau, was du denkst.«

»Habe ich ja«, erwiderte sie.

Vielleicht sollte ich mir die Satire für mein nächstes Buch aufsparen...

Sonntag, 3. April

Sprach heute morgen in einer anglikanischen Gemeinde. Ließ Gerald und Thynn diesmal ausschlafen und fuhr nur mit Anne hin. Komisch, wie gerade die Veranstaltungen, die man für relativ belanglos hält, sich manchmal als die wirklich bedeutenden erweisen. Gott schien während der halben Stunde, in der ich predigte, jedes meiner Worte völlig unter Kontrolle zu haben.

Hinterher ging es ins Pfarrhaus zum Mittagessen. Als wir durch die Tür traten, sagte der Pfarrer, sein Name ist Col Bevin, sehr freundlich: »Ich glaube, Sie bringen heute einen ganz besonderen Wohlgeruch in unser Haus.«

Er hatte recht, ich brachte tatsächlich etwas ins Haus, aber ich fürchte, ein Wohlgeruch war es nicht. Ich brachte es an der Schuhsohle hinein. Wir hatten uns dankbar in die weichen, bequemen Wohnzimmersessel fallenlassen, und der Sherry wurde gerade eingeschenkt, als Cols Sohn Jimmy, der ungefähr vierzehn ist, plötzlich die Nase kraus zog und sagte: »Oh Mann, Papa, da ist jemand in etwas getreten!«

Weiß nicht, warum ich davon ausging, daß ich es unmöglich sein könne. Wahrscheinlich, weil es einfach nicht zusammenpaßt, eben noch das Wort Gottes verkündigt zu haben und im nächsten Moment Hundedreck auf dem Teppich anderer Leute zu verteilen. Man sollte doch wirklich annehmen, daß ein eingreifender Gott, der die Butter auf seinem Brot wert ist, etwas dagegen unternommen hätte, oder? Vielleicht einen Engel mit einer Kehrschaufel losgeschickt oder so?

Alle außer mir inspizierten ihre Schuhsohlen und schnüffelten im Zimmer umher, bis Cols Frau Noelene einen Schrei ausstieß und auf das Stück des blaßlila Teppichs unter und rings um meine Füße deutete. Das Zeug war überall verteilt. Jener Schrei sagte ebenso deutlich »UNSER NEUER TEPPICH!«, als ob sie tatsächlich diese Worte benutzt hätte. Anne war wütend. Riß mir die Schuhe mit Gewalt von den Füßen, zischte mir dabei Schimpfwörter zu und rannte hinaus in den Garten, um sie sauberzumachen. Ich sprang auf und fing an, herumzuhüpfen und mit der Zunge zu schnalzen, in der Hoffnung, meiner Reue durch Aktivität Ausdruck zu verleihen, so sinnlos die Aktivität auch sein mochte. Col war entschlossen, es nicht an die große Glocke zu hängen.

»Keine Sorge, Adrian«, sagte er, »bitte machen Sie sich keine Gedanken. Das hätte jedem passieren können. Ein Teppich ist nur ein Gegenstand, und Gegenstände lassen sich ersetzen. Ihre Worte heute morgen sind uns wertvoller als der sauberste Teppich, ist es nicht so, Noelene?«

Noelene, die bereits fieberhaft mit einem Tuch und irgendeinem Spray an dem Teppich am Werk war, zwang sich zu einem verzerrten Lächeln, doch ich wußte, daß die wahre Antwort auf die Frage ihres Mannes folgendermaßen lautete:

»Nein, ehrlich gesagt, ich hätte jederzeit lieber einen Teppich ohne Hundedreck darauf als die Worte, die er heute morgen gesprochen hat, wenn ein solcher Tausch möglich wäre, was er aber nicht ist. Außerdem hat, wie du sehr wohl weißt, dieser brandneue *Gegenstand* gerade erst den durchgelaufenen alten *Gegenstand* ersetzt, den ich Jahr um Jahr ertragen mußte. Von mir aus soll er sich so viele Gedanken machen wie nur möglich, vielen Dank.«

Tat hinterher mein Bestes, um mich zu rehabilitieren, indem ich mich mit Jimmy über Kricket unterhielt, Col zu der wunderbaren Atmosphäre in seiner Gemeinde gratulierte und mich maßlos überwältigt von der Qualität des Mittagessens zeigte, aber es half alles nichts. Die arme Noelene konnte nicht verhindern, daß ihr Blick immer wieder hinab zu meinen nun vom Dreck befreiten Schuhen wanderte. Ich hatte ihren Stolz und ihre Freude besudelt, und sie konnte mir einfach nicht mehr trauen.

Sagte auf dem Heimweg zu Anne: »Warum liegen in meinem Leben Predigen und Hundedreck nie weit auseinander?«

Sie erwiderte ziemlich kühl: »Weil du nicht immer guckst, wo du entlanglaufst.«

Hmmm...

Montag, 4. April

Wiederholung der Explosion auf dem Flohmarkt. Es macht traurig, an die Abreise zu denken, aber ich freue mich trotzdem auf zu Hause.

Dienstag, 5. April

Anne, Gerald, Leonard und ich waren vor dem Aufbruch zum Flughafen bei *der* perfekten christlichen Familie zu Gast.

Der Vater warmherzig und liebevoll und doch ausgewogen und stark, die Mutter eindeutig eine perfekte Managerin des Haushalts, dabei jedoch flexibel und völlig beteiligt am Leben ihrer Kinder, zwei schöne heranwachsende Töchter, lebhaft und sprühend und doch voll Besonnenheit und Selbstbeherrschung, ein kleiner Junge voll liebenswerter Possen und doch unverkennbar gutherzig. *Alle* Kinder waren höflich, aber dabei völlig natürlich, und alle erzählten von den tiefgreifenden Erfahrungen, die sie in den letzten Monaten mit Gott gemacht hatten. Jeder half unaufgefordert, wo immer etwas zu tun war, und es gab nicht eine einzige gezischte Drohung, Warnung, Bestechung oder Beschwörung von den Eltern an den Nachwuchs. Der Gipfel war, als die ganze Familie uns nach unseren Vorspeisen und Aperitifs (bereitwillig von der einen Tochter zubereitet, mit demütiger Eleganz von der anderen serviert und voller Emsigkeit von dem kleinen Bruder weitergereicht) *mehrstimmig christliche Chorusse vorsang*!

Ein durch und durch abscheuliches Schauspiel, um die Wahrheit zu sagen. Wir alle fühlten uns verpflichtet, übersprudelnde Freude vorzugaukeln, um neben ihnen bestehen zu können. Sehr ermüdend. Starke Versuchung, den kleinen Jungen kräftig zu kneifen, damit er wenigstens mal flucht oder so etwas. Aber wahrscheinlich hätte er mir ohnehin nur vergeben...

Um die Sache noch schlimmer zu machen, bestanden sie alle darauf, mich zu behandeln, als sei ich so etwas wie ein geistlicher Experte oder Guru. Als sie mit dem Singen fertig waren, wandte sich der perfekte Vater an mich und sagte: »Meine Frau und ich haben uns gefragt, ob es Ihnen wohl sehr viel ausmachen würde, uns an Ihrer Weisheit und Erfahrung in bezug auf eine bestimmte Frage teilhaben zu lassen.«

Versuchte, Geralds sardonischen Blick und Thynns völlig verdattertes Gesicht zu ignorieren.

»Äh, ja, natürlich, wenn ich Ihnen irgendwie behilflich sein kann – natürlich.«

»Nun, wir wissen, daß Ihr Sohn« – er lächelte in Geralds Richtung – »jetzt erwachsen ist, und oft werden Sie jetzt nur zu zweit zu Hause sein, aber wir wären sehr dankbar, wenn Sie uns sagen könnten, nach welchem Modell Sie in den vergangenen Jahren Ihre Familienandachten gestaltet haben.«

»Ah!« sagte ich, als wäre dies genau die Frage, die ich mir von ihnen gewünscht hatte.

Anne, Gerald und ich sahen einander an. Ich stellte ihnen eine lautlose Frage. Sie bejahten, ohne zu nicken oder etwas zu sagen. Manchmal birgt die Loyalität eine größere Wahrheit als die Wahrheit selbst.

Ich sagte: »Ah ja, Familienandacht, ja. Welches Modell... ja. Also... äh... ja. Im Grunde haben wir immer versucht, bei den Familienandachten so flexibel wie möglich zu sein –«

Die perfekten Eltern beugten sich mit gerunzelter Stirn und interessiert nickend vor, begierig, so viel wie möglich von meiner großen Weisheit zu profitieren, solange sie die Gelegenheit hatten. Sicher würden sie jeden Augenblick anfangen, sich Notizen zu machen.

»Was genau meinen Sie damit?« fragte die perfekte Mutter.

»Nun, flexibel in dem Sinne, daß, wenn jemand nicht kommen wollte, er nicht dabei zu sein brauchte. Und das, äh... hat immer sehr gut funktioniert, weil im allgemeinen keiner von uns kommen wollte, und deshalb, äh... sind wir nicht gekommen.«

Die ganze perfekte Familie brach an dieser Stelle in schallendes

Gelächter aus, offensichtlich in dem Glauben, dieser ungeplante Moment der Ehrlichkeit sei ein absichtlicher und zum Brüllen komischer Witz meinerseits. Keine Familienandacht? Ist ja zum Schießen! Der perfekte Vater klopfte mir kichernd auf den Rükken, als ob ich ein christlicher Spaßvogel nach seinem Herzen wäre. Anne, Gerald und ich wählten den Weg des geringsten Widerstandes und lachten herzhaft mit (Thynn mußte natürlich wieder übertreiben und rollte sich am Ende auf dem Boden herum), und dann, dem Himmel sei Dank, war es Zeit, uns in ihrem riesigen, sauberen, perfekten, aufgeräumten christlichen Wagen auf den Weg zum Flughafen zu machen.

Flüsterte Anne auf dem Rücksitz zu: »Kann es gar nicht abwarten, bis wir allein sind und ganz ungestört unheilig sein können.«

Ein letztes Lebewohl einige Zeit später, als wir in die Abflughalle gingen. Die perfekte Familie stand in einer kleinen strahlenden Gruppe zusammen, strömte immer noch Liebe, Freude, Frieden und harmlosen Übermut in alle Richtungen aus, während sie überschwenglich dem scheidenden geistlichen Guru, seiner glücklichen Familie und seinem Freund nachwinkten.

Kaum waren sie außer Sicht, entspannten wir uns alle wie vier menschliche Ballons, denen man die Luft herausließ.

»Menschenskind!« sagte Gerald. »Ich war noch nie so erleichtert, wieder auf Miesepeter-Modus umschalten zu können. Mir taten schon die Gesichtsmuskeln weh vor lauter siegesbewußtem Lächeln.«

Plötzlich sagte Anne: »Aufpassen! Strahlende Gesichter an! Da sind sie wieder.«

Tatsächlich: Unsere ehemaligen Gastgeber hatten eine Stelle gefunden, von der aus sie in den von gläsernen Wänden umgebenen Gang hineinsehen konnten, der zu den Abflugtoren führte. Da standen sie und lächelten und winkten wie zuvor. Blitzartige Auferstehung der gesamten Familie Plass. Thynn grinste wie ein Irrsinniger. Wir alle winkten zurück, lächelnd wie ein Guru und seine Familie, und sackten dann wieder vor Erschöpfung zusammen, kaum daß wir ihnen aus den Augen waren.

Mein Gesicht zerknitterte sich zu einem sichtbaren Stöhnen. »Ach, du meine Güte! Ich glaube wirklich, ich könnte niemals –«

»Da sind sie wieder!« schrie Gerald, als wir um die nächste Ecke bogen. »Ich fasse es nicht! Schaut! Da sind sie schon *wieder*! Achtung, alle Mann lächeln!«

Mit dem Einfallsreichtum, den wir von ihnen hätten erwarten müssen, hatte die perfekte Familie tatsächlich noch einen weiteren Aussichtspunkt ausfindig gemacht und eilends aufgesucht, von dem aus sie uns grüßen konnten, während wir der Zuflucht unserer Maschine zustrebten. Man merkte ihnen an, wie außerordentlich begeistert und glücklich sie darüber waren, uns eine so wunderbare und unerwartete Überraschung bereiten zu können. Wir brachten noch einen weiteren fieberhaften Ausbruch roboterhafter Freude zustande, bevor wir unseren Weg fortsetzten. Doch jetzt waren wir gebrochene Leute. Unser falsches Lächeln blieb auf unseren Gesichtern festgekleistert, während wir geschlagen dahinwankten. Wer konnte ahnen, wann wir es wieder brauchen würden? Wir waren bereit zu glauben, daß unsere Verfolger fähig waren, jederzeit und an jedem Ort plötzlich aufzutauchen.

Selbst nachdem das Flugzeug gestartet war und wir uns mehrere Tausend Fuß hoch in der Luft befanden, wagte ich es kaum, durch das Fenster neben mir zu schauen, für den Fall, daß es dieser australischen Trapp-Familie durch irgendein unmögliches, aber perfektes Mittel gelingen sollte, fröhlich lächelnd und winkend auf der Tragfläche zu stehen und mehrstimmige Chorusse zu singen und uns daran zu erinnern, daß wir keine perfekte Familie waren, und das den ganzen Weg bis zurück zum Flughafen Heathrow.

Mittwoch, 6. April

Es hat nie etwas anderes gegeben und wird nie etwas anderes geben als dieses Flugzeug...

Donnerstag, 7. April

15.00 Uhr.

Nur noch eine Stunde bis Heathrow.

Bin gerade jetzt sehr froh, in meinem Tagebuch schreiben zu können. Fing vor einiger Zeit ein Gespräch mit der sehr eleganten Amerikanerin zu meiner Linken an. Ging zuerst ganz gut, nahm aber nach einer Weile eine recht unglückliche Wendung. Merkte, als wir uns unterhielten, daß sie mit einem sehr bekannten christlichen Redner verheiratet ist, dem ich vor einigen Jahren auf »Laßt Gott herniederfahren und Wunder des Wachstums wirken!« für etwa drei Sekunden begegnet war.

Ich sagte: »Ah ja, ich kenne Ihren Mann gut, er ist ein schrecklicher Mensch!«

Sie sah mich sehr streng an und sagte: »Er ist kein schrecklicher Mensch – er ist ein sehr *guter* Mensch.«

Mir kam der Gedanke, daß britische Ironie in der Neuen Welt vielleicht nicht immer ganz verstanden wird.

»Ich weiß«, sagte ich und wand mich vor Verlegenheit, »so habe ich es ja auch gemeint. Es sollte ein, äh... Scherz sein.«

Sie sagte langsam und ohne auch nur den Anflug eines Lächelns: »Ich verstehe – also, als Sie sagten, er sei ein schrecklicher Mensch, meinten Sie in Wirklichkeit, daß er ein guter Mensch ist?«

Kicherte albern und sagte: »Ja.«

Wo ist der Tod, wenn man ihn wirklich braucht?

Jetzt weiß ich, warum in Amerika keiner meine Bücher kauft. Von jetzt an werde ich allen erzählen, daß die Amerikaner einfach keine Ironie verstehen. Das klingt viel besser, als wenn ich sagen würde, daß sie die Bücher nicht witzig finden.

Freitag, 8. April

Habe ganz vergessen, wie grün England ist. Kann kaum schreiben, so müde bin ich. Aber wir haben es geschafft, nicht wahr? Weiß nicht genau, wer, was, wann, wo, wie oder warum, aber wir haben es geschafft...

Samstag, 9. April
Australien ist nur ein Traum. Wir waren nie wirklich da. Brachte heute unsere Filme in die Drogerie, damit wir beweisen können, daß wir doch da waren. Müßten am Montag fertig sein.

Richard rief an und fragte ziemlich bedrückt, ob sein Sohn Charles, der zur Zeit auf Besuch da ist, nächste Woche einmal zum Mittagessen oder so vorbeikommen könne. Anne hatte schon immer einen guten Draht zu Charles, also vermute ich, Richard hofft, daß sie mit ihm reden wird – über was?

Anne sagte, sie würde Charles anrufen und ihn einladen, am Montag zu uns zum Abendessen zu kommen.

Sonntag, 10. April
Herrlich, wieder zu Hause zu sein.

Schaffte es tatsächlich, heute morgen in den Gottesdienst zu gehen. Als ich eintrat, versuchte ich auszusehen wie jemand, der kaum merkt, daß die anderen ihn wegen seiner Position als internationaler christlicher Redner mit einer gewissen Ehrfurcht betrachten. Wann werde ich endlich dazulernen? Ganze Gemeinde in Aufruhr wegen des Geredes über eine neue Bewegung des Geistes, die offenbar im Fernen Osten ihren Anfang nahm und als koreanisches Kitzeln bekannt ist. Bei der ganzen Sache scheint es sich vorwiegend um Fisch zu drehen! Wie ich höre, hat Doreen Cook irgendwo eine andere Gemeinde besucht und sich dort – nun ja, damit angesteckt und es bei uns eingeschleppt.

So etwas habe ich noch nie gesehen. Im Laufe des Gottesdienstes schlängelte sich Richard Cook durch den Saal wie ein sehr ernster Aal, der irgend jemandem eine schlechte Nachricht zu überbringen hat, Elsie Burlesford – oder Elsie Farmer, ich muß mich endlich an ihren neuen Namen gewöhnen – wedelte mit den Armen, als wären es Flossen, und machte »bob – bob – bob!«, und George Farmer sprang energisch herum wie ein Lachs auf dem Weg stromaufwärts. Jede Menge Leute fielen zu Boden, wanden sich wie fröhliche Sardinen im Netz und lachten laut (nicht über George Farmer, will ich annehmen). Der junge William Farmer leitete uns später in einer Zeit des Heilens. Jede Menge Lärm, aber richtig geheilt schien keiner zu werden, soweit ich sehen konnte. Schien William aber nicht sehr zu stören. Wahrscheinlich hat er sich schon damals, als er vor vielen Jahren bei *Bad News for the Devil* sang, daran gewöhnt, das Gegenteil der beabsichtigten Wirkung zu erzielen. Jedenfalls wandte er sich nach der Gebetszeit wieder fröhlich seiner mimischen Darstellung eines Hummers zu. Schwer zu sagen, was man davon halten soll.

Beim Kaffee saßen Gerald, Anne und ich mit Richard und Edwin zusammen. Richard fragte uns, was wir von der »neuen Welle« hielten.

Gerald sagte: »Richard, mir ist ein sehr ernster Gedanke gekommen.«

Richard beugte sich vor und nickte ermutigend. »Ja?«

»Nun, es wird sehr schwer werden für Evangelisten aus Korea, die in unser Land einreisen, nicht wahr?«

»Inwiefern?«

»Na ja, sechs Monate in einem Quarantäne-Aquarium sind kein Spaziergang, wenn man ein Hering für den Herrn ist, oder? Ich würde ziemlich nach Luft schnappen.«

Edwin schmunzelte, aber Richard sagte unglaublicherweise: »Du meinst nicht ernsthaft, daß das zu einem Problem werden könnte, oder?«

Anne sagte zu Gerald, er solle mit dem Unsinn aufhören und Kaffee für uns alle holen. Richard ging mit, um ihm tragen zu helfen.

»Im Ernst, Edwin«, sagte Anne, »was soll das alles? Es sieht schon ziemlich seltsam aus, wenn man mitten hineingerät wie wir heute morgen.«

Edwin zuckte die Achseln und lächelte ein wenig müde. »Ich bin froh, daß du danach fragst, Anne. Du weißt ja, wie es ist. Gott bringt irgend etwas wirklich Gutes in Gang, und dann – tja, dann reißen ein paar von uns in den Gemeinden es sich unter den Nagel, und wir versuchen, der Sache eine Form und einen Namen zu geben, die nie wirklich dazugehörten, und dann halten andere Leute uns für die Experten und kopieren unsere Fehler mit leichten Veränderungen, und denen folgen wieder andere, bis man schließlich nicht mehr weiß, was das, was am Ende dabei herauskommt, noch mit der Sache zu tun hat, die Gott ursprünglich in Gang gesetzt hat. Es ist wie bei der Stillen Post. Ich meine – wenn irgend etwas an dieser Kitzel-Geschichte echt ist, dann stammt es von Gott, nicht aus Korea, liebe Güte.«

Wünschte, ich wäre wie Edwin. Wann immer er etwas auch nur annähernd Kritisches sagt, spricht er von »uns«, niemals von »denen«.

Ich sagte: »Dann meinst du also, es ist von Gott – dieses ganze Zeug mit den Fischen?«

Edwin zuckte die Achseln. »Nun ja, ich glaube schon, daß Gott viel daran liegt, die Sache mit dem Christsein ein bißchen fröhlicher und entspannter zu machen, und einige Leute, die ich kenne, haben wirklich wunderbare Erfahrungen gemacht. Ich glaube auch...« Rutschte auf dem Stuhl hin und her und dachte einen Moment nach, bevor er weitersprach – ich liebe es, wenn Edwin etwas zu sagen hat. »Ich glaube, bei vielen Christen hat sich in den letzten Jahren große Enttäuschung breitgemacht. So viele Verheißungen in großen, mitreißenden Worten über gewaltige Erweckungen und Heilungsbewegungen und weiß der Geier was sonst noch für glorreiche geistliche Siege, die angeblich jeden Augenblick bevorstehen, und eine Menge dieser Versprechungen sind einfach nicht in Erfüllung gegangen – zumindest nicht so, wie die Leute sich das gedacht haben. Es macht sich eine gewisse Müdigkeit breit, und ich glaube, Gott, der schließlich –«

»Sehr nett ist.«

»Ja«, lächelte Edwin, »woher wußtest du, daß ich das sagen wollte? Gott, der ganz bestimmt sehr nett ist, bietet uns vielleicht eine kleine Stärkung an, und das finde ich großartig. Und wir sollten es eigentlich schaffen, die etwas, äh... lebhafteren Manifestationen ohne allzu große Schwierigkeiten zu verkraften. Ich glaube, Elsie wird –« Er hielt inne und sah sich wachsam im Raum um. »Wo ist sie? Oh, gut, sie sitzt da drüben. Ich glaube, Elsie wird in den nächsten Tagen anfangen, sich von Ameiseneiern zu ernähren. Nein, ernsthaft, ich begrüße es und beobachte es gleichzeitig wachsam, und ich hoffe, es hilft den Leuten, zu begreifen und zu akzeptieren, daß die wahren Siege ein bißchen kostspieliger und eingegrenzter und langweiliger und Jesus-ähnlicher sind als viele dieser großartig klingenden Ankündigungen, die nie richtig eingelöst werden. Weißt du, Anne, wenn du ein Trottel bist wie ich und eine Gemeinde leiten sollst, dann ist es das Schwierigste, die Leute dazu zu kriegen, tatsächlich etwas zu *tun*. Sie wollen alle lachen und weinen und sogar tief bewegt sein, während sie dem Schauspiel zusehen, aber nicht allzuviele wollen auch selbst mitspielen. Ich weiß, ich bin ein bißchen altmodisch, aber mir ist Jakobus' Definition der wahren Frömmigkeit lieber als die der meisten anderen Leute.« Schlug sich plötzlich mit der Hand vor die Stirn. »Ach du meine Güte – seid mir nicht böse, daß ich euch so vollgelabert habe. Ich habe in letzter Zeit viel über das alles nachgedacht, und es gibt nicht viele Leute, mit denen ich offen darüber reden kann.«

War mir ziemlich sicher, daß er damit Anne meinte. Sie gibt den Leuten immer das Gefühl, in Sicherheit zu sein.

Richard und Gerald kamen mit dem Kaffee zurück. Gerald sagte: »Ich habe Richard gerade gefragt, ob er meint, daß man auch ohne Lachssprung errettet werden könne, aber mir ist eben eingefallen, was Paulus über das Thema zu sagen hat.«

»Das hört sich, gelinde gesagt, hochinteressant an«, meinte Edwin.

»Er sagt dazu drei Dinge«, sagte Gerald ernst. »Erstens fragt der Apostel rhetorisch: ›Springen denn alle wie die Lachse?‹, und dann, etwas später im gleichen Brief: ›Ich danke Gott, daß ich mehr als ihr alle wie ein Lachs springe‹, und dann noch: ›Die Geister der Lachsspringer sind den Lachsspringern untertan.‹«

Kurze Pause, während in Richards Gehirn die Zahnräder ausrasteten.

Dann sagte er: »Ich dachte immer, diese Stellen handelten von der Zungenrede.«

Montag, 11. April

Anne holte heute unsere Bilder aus der Drogerie ab, und Leonard kam zum Mittagessen, damit wir sie uns alle zusammen anschauen konnten. Es war, als schauten wir durch kleine, helle Fenster in einen anderen Teil unseres Lebens hinein. Hoffentlich kommen wir eines Tages wieder hin.

Charles Cook heute zum Abendessen zu uns.

Kein Wunder, daß Richard und (vermutlich) Doreen sich solche Sorgen um ihn machen. Vor Jahren, als er noch auf der Bibelschule Tiefe Freude war, wirkte Billy Graham neben Charles wie ein Abgefallener. Er schrieb lange, leidenschaftliche, belehrende Briefe voller religiöser Jargons, ernster Warnungen und in vage prophetische Worte gekleideter Ermahnungen an diverse Glieder der Gemeinde. Er brannte nicht nur für Gott – er war eine menschliche Fackel. Damals war es Gerald, der sich über Charles lustig machte (zum Glück, wie Anne fand), und Charles, der immer ernst und unerbittlich geistlich blieb, was immer auch in seiner Gegenwart gesagt oder getan wurde. Wollte kaum fassen, daß der leicht überspannte, aber recht liebenswerte junge Mann, den wir einst gekannt hatten, sich so verändert haben konnte. So abgeschlafft und zynisch. Schien heute nicht in der Lage zu sein, irgend etwas von sich zu geben, das nicht mürrisch oder sarkastisch geklungen hätte. Selbst Anne, die früher sehr gut mit Charles ausgekommen ist, war offensichtlich verwirrt über die Veränderung, die in ihm vorgegangen ist.

Unterhielten uns hinterher darüber und stellten fest, daß wir beide danach gelechzt hatten, zu fragen, was ihn so verändert hatte, uns aber zuerst nicht getraut hatten.

War sehr neugierig, zu sehen, wie Gerald auf jemanden reagieren würde, der eine viel skeptischere Geisteshaltung einnahm, als er es je getan hatte. Freute mich, als er sich alle Mühe gab, Charles in ein Gespräch über ein großes christliches Festival zu verwickeln, das Gerald sehr mag und zu dem er jedes Jahr fährt, wenn er es irgendwie einrichten kann. Charles war noch nie dort.

Gerald sagte: »Der riesige Open-Air-Gottesdienst am Ende würde dir bestimmt gefallen. Er ist völlig überkonfessionell und unparteiisch. Sehr bewegend.«

Charles runzelte die Stirn. »Ach ja«, sagte er, »von dem Gottesdienst habe ich gehört. Du hast recht. Er ist völlig überkonfessionell und unparteiisch und frei, nur daß – korrigiere mich, wenn ich mich irre – *unbedingt* ein beeindruckend kompromißloser Schotte dabei sein muß, der den Leuten Lieder beibringt und ihnen Strafpredigten hält, und daß es zwingend vorgeschrieben ist, daß ein langes, unverständliches Lied vorgetragen wird, geschrieben von einer schwarzen weiblichen, afrikanischen, lesbischen, behinderten Terroristin, und daß es ganz entscheidend ist, daß es einen zehnminütigen Teil gibt, in dem irgend jemand, vorzugsweise aus dem Nahen Osten, mit bellend monotoner Stimme große Wahrheiten hinausbrüllt. Das war's so ziemlich, stimmt's? Ach nein, Entschuldigung, ich habe vergessen, daß die Liturgie natürlich flexibel genug sein muß, um unsere Brüder in der Traktoren-Anbetungs-Gemeinschaft in Nordwest-Lettland nicht auszugrenzen, und ganz besonders jene Mitglieder jener Gemeinschaft (mit anderen Worten, jeden einzelnen von ihnen), die von diesem Festival, das sich solche Mühe gibt, ihren Neigungen gerecht zu werden, niemals gehört haben oder hören werden oder sonst irgendeine Verbindung dazu haben – ganz wichtiger Punkt, das.«

Gerald völlig verdattert. Später meinte Anne, Gerald habe sich im Lauf der Jahre so sehr daran gewöhnt, Charles als Symbol für überkandideltes Christsein schlechthin zu betrachten, daß es kein Wunder sei, wenn er jetzt nicht mit der offenbar vorgegangenen Veränderung klarkomme. Klingt mir ein bißchen kompliziert, aber wahrscheinlich hat Anne recht – hat sie meistens.

Anne sagte: »Nun komm schon, Charles. Du bist noch nie dort gewesen. Also wirklich! Wie kannst du so kritisch sein, wenn du nicht die leiseste Ahnung hast, wovon du überhaupt redest?«

»Du solltest auch mal mitkommen, Mama«, sagte Gerald, dankbar für die Unterstützung, »dieses Jahr hatten sie eine ganze Reihe von Seminaren über Bannermalerei. Nicht gerade mein Stekkenpferd, aber dir hätte das bestimmt Spaß gemacht.«

Anne und ihre Freundin Liz haben mehrere schöne Banner für unsere Gemeinde hergestellt. Viele Leute haben zum Ausdruck gebracht, daß sie sehr zur Atmosphäre im Saal beitragen. Ich weiß nie recht, was ich von ihnen halten soll, aber Charles schien sich seiner Meinung sehr sicher zu sein.

»Ich habe schon immer gedacht«, sagte er, »daß –«

»Du meinst, dir kommt gerade der Gedanke«, unterbrach Gerald trocken.

»Ich habe schon immer gedacht, daß ich gerne mal ein Seminar über das Banner*zerreißen* auf so einem Festival leiten würde, Gerald. Ich bin sicher, das würde auf großes Interesse stoßen, meinst du nicht? Ich sehe es schon vor mir...«

Charles stand auf, klatschte in die Hände und sprach zu uns vom Ende des Tisches in diesem betont gut gelaunten Tonfall, den man irgendwie mit christlichen Workshops in Verbindung bringt.

»Schön, ihr Lieben, es kommen immer noch ein paar herein, aber ich glaube, wir fangen schon mal an. Darf ich alle bitten, sich in kleinen Gruppen zu viert oder fünft zusammenzufinden, und dann möchte ich, daß ihr einander so offen, wie ihr könnt – ganz ohne Zwang – über die verschiedenen Gründe austauscht, warum ihr all diese blödsinnigen Banner haßt, die unsere Gemeinden verseuchen, ja? Und vielleicht findet sich in jeder Gruppe einer, der gerne den Schriftgelehrten spielen möchte – ha, ha! –, so daß ihr festhalten könnt, was alle sagen, und dann, in ungefähr – ooh – fünf Minuten, haben wir eine Zeit des Zusammentragens und des Brainstormings, und ich schreibe alles mit schwarzem Markierstift auf dieses große Blatt Papier. Okay? Dann ab mit euch in die kleinen Gruppen, und sucht euch bitte Leute, die ihr noch nicht kennt, damit euch nicht ganz so behaglich zumute ist, ja?«

Anne machte den Mund auf, um etwas zu sagen, aber Charles war inzwischen zu sehr in Fahrt, um sich in seinem Pseudo-Frohsinn noch aufhalten zu lassen.

»Sehr schön, das war also unsere Feedback-Sammlung, und es ist doch erstaunlich, nicht wahr, Leute, daß wir alle zu einer Veranstaltung wie dieser hier kommen und meinen, wir seien die einzigen Leute auf der Welt, die so denken wie wir, nur um zu entdecken, daß wir alle aus genau denselben Gründen Banner verabscheuen?

Gut! Jetzt kommen wir zum praktischen Teil, und bitte macht

euch keine Gedanken, wenn es bei euch nicht gleich auf Anhieb wie am Schnürchen klappt. Schaut euch einfach um, wie es die anderen machen, und macht es ihnen nach, dann wird schon alles klargehen. Schließlich funktioniert die Gemeinde schon seit Jahren so, stimmt's? Okay, schön, wenn ihr euch umschaut, seht ihr, daß wir Scheren haben, wir haben Messer, wir haben Streichhölzer – bitte benutzt die bereitstehenden Aschenbecher – und wir haben auch ein paar kleine Fässer Säure für diejenigen, die gerne damit arbeiten möchten, und hört zu, Leute, es spricht absolut nichts dagegen, die Dinger mit euren Zähnen und bloßen Händen in Stücke zu reißen, wenn ihr euch so geführt seht. Okay? Also, eine Gruppe von fünfzehn oder so sollte hier drüben mit den Scheren arbeiten – danke. Und bitte vier oder fünf Leute am Messertisch – gut. Gibt es ein paar Freiwillige für die Säure? Hervorragend! Und ich werde eine größere Gruppe hier drüben auf dieser Seite bei den Zähne-und-Klauen-Aktivitäten anleiten. Und immer wenn ihr das hier hört, Leute« – Charles klatschte spielerisch in die Hände – »wird überall gewechselt, okay? Ha, ha!

Auch ihr Kinder braucht euch nicht ausgeschlossen zu fühlen. Wenn wir die einzelnen Banner zerstören, geben wir die Stücke an euch weiter, und Onkel Stan, der dort hinten in der Ecke in seinem Gazellenkostüm steht – nun lach doch mal, Onkel Stan! Ist er nicht großartig? – Onkel Stan wird euch in einer Zeit des Auf- und Abhüpfens auf den Überresten leiten.«

Er erhob seine Stimme, als müßte er das allgemeine geschäftige Getöse übertönen:

»Es sind reichlich Banner vorhanden – alle absolut scheußlich. Einige wurden extra ausgewählt, weil sie in Workshops über prophetische Bannermalerei hergestellt worden sind – mit denen werdet ihr besonders viel Spaß haben. Und noch ein letztes Wort, falls euch die Luft – ha, ha! oder die Motivation ausgeht, werft noch einmal einen Blick auf die Liste, die wir gemacht haben, mit all den Gründen, warum wir diese greulichen, schlabbernden, banalen Dinger verabscheuen und hassen, und ich bin sicher, ihr werdet sofort mit neuer Energie und Hingabe erfüllt werden. Auf geht's, Leute!«

Gerald lächelte pflichtschuldig, aber ich merkte ihm an, daß er es eigentlich nicht witzig fand. Nun ja, war es auch nicht. Es war voller Zorn und Bitterkeit.

Wußte irgendwie, daß Anne Charles nicht gehen lassen würde, ohne dafür zu sorgen, daß er wußte, wie sie empfand. Ich hatte recht.

Anne sagte: »Charles, mein Lieber, was ist mit dir passiert?«

Ist es nicht komisch, wenn eine Person, die nicht sie selbst ist, genau weiß, was eine andere Person gemeint hat, aber so tun muß, als hätte sie die andere Person nicht verstanden, weil sie so sehr damit beschäftigt ist, jemand anderes zu sein, der nie verstehen könnte, was die andere Person gemeint hat.

(Habe den letzten Absatz Anne vorgelesen, und sie sagte, sie wisse, was ich meine, aber sie glaube nicht, daß irgend jemand anderes es verstehen würde. Lasse es trotzdem drin.)

Charles sagte mürrisch: »Nicht viel. Ich stehe auf, esse, gehe zur Arbeit, komme nach Hause, esse, sehe fern, gehe ins Bett, schlafe – und dann wieder von vorn. Ich weiß nicht, was du mit ›passiert‹ meinst. Mit mir ist gar nichts passiert.«

Anne sagte sehr freundlich: »Wir alle kennen dich, seit du noch ein kleiner Junge warst, Charles, und die meiste Zeit über war dein Glaube an Gott dir das Wichtigste in deinem Leben. Du hast dauernd davon gesprochen, bist sogar auf die Bibelschule gegangen, um anderen wirksamer von deinem Glauben weitersagen zu können, du hast uns lange Briefe geschrieben und berichtet, was Gott da unten auf der Bibelschule Tiefe Freude oder wie immer die hieß, alles in deinem Leben tat – ich habe diese Briefe immer noch oben –, und du bist sogar Hilfspastor in einer Gemeinde oben in der Nähe von Gillingham geworden, stimmt's?«

Charles nickte, starrte aber nur in seinen Kaffeebecher, ohne etwas zu sagen.

»Und hast du nicht dann«, fuhr Anne fort, »schon nach ganz kurzer Zeit, diese Stellung verlassen und dir einen Job in einem Laden in derselben Stadt gesucht –«

»Bei einem Zeitschriftenhändler, stimmt's?«

»Richtig, bei einem Zeitschriftenhändler, und weder deine Mutter noch dein Vater noch wir – obwohl es uns eigentlich nichts angeht –, keiner weiß so recht, was eigentlich schiefgegangen ist.«

Anne wartete einen Moment lang ab, aber Charles sagte immer noch nichts. Er schien gerade mit seinem Löffel auf dem Boden seiner Tasse eine sehr komplizierte chirurgische Maßnahme durchzuführen. Hielt es für an der Zeit, auch etwas zu sagen. War ein bißchen nervös, weil Anne in solchen Situationen immer eine Art eigens für sie geschriebenes Drehbuch zur Verfügung zu haben scheint, im Gegensatz zu mir. Wollte nichts Falsches sagen.

»Und jetzt, Charles«, sagte ich, »heute – scheinst du dich über alles, was irgend jemand über die Gemeinde sagt, nur lustig machen zu wollen, und irgendwie stimmt etwas nicht an –«

»Das hat Gerald auch immer gemacht«, murmelte Charles und blickte kurz von der Operation auf, mit der er so konzentriert beschäftigt gewesen war. »Edwin hat immer gelacht, wenn Gerald solche Sachen gesagt hat. Manchmal hat er auch über mich und Papa so geredet.«

Anne, Gerald und ich sahen einander hilflos an. Ich machte den Mund auf und rutschte auf meinem Stuhl hin und her, als hätte ich etwas Nützliches zu sagen, wüßte nur noch nicht recht, wie ich es ausdrücken sollte, und hoffte, Anne würde mir mit etwas *wirklich* Nützlichem zuvorkommen. Sie tat es.

»Charles«, sagte sie mit fester Stimme, »es hat in der Vergangenheit Zeiten gegeben, in denen ich Gerald voller Genuß hätte ermorden können.«

»Vielen Dank, Mamuschka«, murmelte Gerald.

»Aber es ist die Wahrheit! Bei deinem endlosen Bemühen, witzig und schlagfertig zu sein, hast du es ziemlich oft einfach übertrieben, als Charles und du noch jünger wart. Ich nehme an, du weißt nicht mehr, wie du Charles' Bibelschule ›die alte Muppet-Fabrik‹ genannt hast, oder? Und bei diesem Neujahrsfest in der Gemeinde, als Charles' Vater dich fragte, ob du dich deines ewigen Heils versichert hättest? Komm schon – was hast du zu ihm gesagt?«

»Hab's vergessen«, log Gerald.

»Du hast gesagt: ›Ja, ich bin bei der Allianz‹, oder etwa nicht?«

»Na ja, aber –«

»Und hast du auch deinen Beitrag zu dieser Besprechung vergessen, in der es darum ging, wie wir den Ostergottesdienst gestalten wollten. Wenn ich mich richtig erinnere, hast du damals vorgeschlagen, ein riesiges künstliches Huhn an einem Draht über die Köpfe der Gemeinde hinweg zu manövrieren und ein großes Ei in den Mittelgang ›legen‹ zu lassen.«

»Stimmt«, sagte ich, als mir die Geschichte einfiel, »und dann sollte das Ei aufplatzen, und Charles' Vater sollte, als Küken verkleidet, zum Vorschein kommen und ›Neues Leben‹ rufen. War es nicht so?«

»Ihr habt das mit den lebendigen Hühnern ausgelassen, die ich auf die Gemeinde loslassen wollte«, sagte Gerald.

Charles sagte, ohne zu lächeln: »Und ihr habt ausgelassen, daß Papa dann fragte, woher wir das Huhn bekommen sollten.«

»Worauf ich hinauswill«, sagte Anne, immer noch mit sehr fester Stimme, »ist, daß du recht hast. Gerald hat, was die Gemeinde betrifft, vieles durch den Kakao gezogen, und manchmal hat er es gedankenlos getan, und von Zeit zu Zeit hat er damit sicher auch Leuten weh getan. Das will ich nicht verteidigen. Aber das, was du heute gesagt hast...« Annes Stimme wurde weicher, während sie fortfuhr. »Das ist nicht dasselbe, Charles. Und ich glaube, der Unterschied liegt darin, daß Gerald all das immer von *innen* her gesagt hat, wenn du weißt, was ich meine. Was du gesagt hast, und wie du es gesagt hast – nun, das klingt, als ob es von jemandem käme, der völlig außerhalb der Kirche steht – der *wahren* Kirche, wie unsere Freundin Stephanie eilends hinzufügen würde. Darauf bezog sich meine Frage, denke ich. Was ist passiert, daß du draußen statt drinnen stehst? Du bist unser Freund, Charles, und du bist uns wichtig« – Anne sah Gerald und mich an – »oder nicht?«

Wir beide nickten eifrig.

»Ich habe das Seil losgelassen«, sagte Charles mit so leiser Stimme, daß wir uns anstrengen mußten, um ihn zu verstehen, »und keiner hat mich aufgefangen.«

Unterdrückte irgendwie den Drang, zu fragen: »Welches Seil? Wer hat dich nicht aufgefangen?« Es gab eine ziemlich lange Pause, dann ergriff Anne das Wort.

»Charles, weißt du noch, wie du mitten in der Bibelschulausbildung plötzlich alles aufgeben wolltest, weil der Herr dich nach Israel rief?«

Gerald und ich sahen einander an und trafen die wortlose Abmachung, daß keiner von uns lachen würde. Bei der Gelegenheit, auf die Anne anspielte, hatte Charles mit großem Ernst verkündet, daß er jedesmal, wenn er die Bibel aufschlage, auf eine Stelle stoße, in der Israel erwähnt werde, und er halte das für ein Zeichen, daß er seine Ausbildung abbrechen und sich auf den Weg in den Nahen Osten machen solle. Anne schien damals wie durch Zauberei zu erkennen, daß das überhaupt nicht das eigentliche Problem war, und alles schien wieder ins Lot zu kommen.

Charles nickte traurig in seinen Kaffeebecher. »Hätte ich doch damals abgebrochen. Hätte mir eine Menge Ärger erspart.«

Anne sagte: »Aber weißt du auch noch, was es war, das dir an jenem Abend wirklich geholfen hat? Da war eine Gabe Gottes, die zumindest einen Lichtschimmer in die Dunkelheit hineingebracht hat, nicht wahr? Im Grunde ist es etwas, das dir schon immer geholfen hat, seit du ein kleiner Junge warst.«

Charles blickte zu Anne auf, wider Willen neugierig geworden. Ich selbst war auch neugierig. Wovon redete sie? Gebet? Seelsorge? Ein ganz bestimmter Bibelvers vielleicht?

»Was war es denn?« fragte Charles.

Anne machte den Schrank hinter sich auf und holte eine große, runde Blechdose heraus. »Kuchen«, sagte sie, »insbesondere Schokoladenkuchen.«

Ein leises Lächeln lugte für einen winzigen Augenblick aus dem Zaun um Charles' privates Elend ins Freie. »Kuchen mag ich immer noch«, sagte er.

Kauten eine Weile vor uns hin.

»Wenn man klein ist, glaubt man alles, was einem Mama und Papa sagen, stimmt's?« sagte Charles ungefähr eine Minute später. »Meine Eltern ließen mich glauben, daß man sich ständig unter Strom und stark fühlen und dauernd Gottes Stimme hören sollte und – ach, ich weiß nicht – so sein sollte wie sie, nehme ich an. Und ich habe mir jahrelang unendliche Mühe gegeben, es zumindest so aussehen zu lassen, als ob es in mir wirklich so aussähe. Ich habe mich so sehr angestrengt, wißt ihr...«

Eine Träne fiel mit einem überraschend lauten Platschen in seinen Kaffeebecher. Wir aßen Kuchen, reichten Taschentücher weiter und warteten.

»Ich habe gelernt, zu beten und Chorusse zu singen und Bibelstellen zu zitieren und all die Dinge zu tun, die Christen tun sollen, und wenn ich jetzt zurückblicke, merke ich, daß ich mich total zum Idioten gemacht habe. Weil es nämlich in mir nie wirklich so aussah, wißt ihr. Ich habe nie Jesus in mir gespürt oder dergleichen. Nichts da mit ›Fröhlich, fröhlich ist das Volk‹ oder was wir sonst so gesungen haben. Bei mir hieß es ›Panisch, panisch ist das Volk‹. Ich fragte mich immer, wie lange es wohl dauern würde, bis dieser Gott, von dem Mama und Papa dauernd redeten, merken würde, wie sehr ich mich anstrengte, und sich mir zeigen und all das wirklich werden lassen würde. Das habe ich eben mit dem Seil gemeint. Es fiel mir immer schwerer, so zu tun als ob. Es war, als ob ich über einem schrecklichen Abgrund hinge, verzweifelt mit einer Hand an ein Seil geklammert, voller Angst, ich würde jeden Moment loslassen und abstürzen. Aber irgendwo... irgendwo in mir schwelte die Hoffnung, daß, falls – wenn – ich loslassen würde, Gott mich irgendwie auffangen und in Sicherheit bringen würde. Aber er tat es nicht. Sobald ich die Stelle in Kent angetreten hatte, wußte ich, daß nichts dabei herauskommen würde. Man kann nicht von Tür zu Tür gehen und versuchen, etwas zu verkaufen, das man nicht hat, oder? Ich konnte es jedenfalls nicht.«

Gerald fragte: »Was ist denn in deinem Abgrund, Charles – dem, in dem du gelandet bist?«

»Hauptsächlich das enttäuschte Gesicht meines Vaters« sagte Charles unglücklich. »Ich weiß, daß mein Vater sich manchmal ziemlich trottelig anstellt.« (Beobachtete zufrieden, wie Gerald ein wenig rot wurde.) »Aber er war immer – er hat immer großen Anteil daran genommen, was aus mir wurde, und er war so begeistert, als ich auf die Bibelschule ging, und dann, als ich den Job bekam. Ich wußte, daß Mama und Papa niemals begreifen würden, was mit mir los war, weil sie einfach nicht so gemacht sind. Besonders Papa *weiß* einfach, daß all das mit Gott wahr und in Ordnung ist, und damit hat es sich für ihn. Er weiß es wirklich – das ist nicht gespielt. Die Sache mit Papa ist, wenn er herausfindet, daß er sich irgendwo geirrt hat, dann ändert er einfach seine Meinung, selbst wenn er jahrelang etwas Falsches gepredigt hat. Er meint alles ernst, wißt ihr. Also, selbst wenn ich ihm sagen würde, daß ich mich eigentlich um seinetwillen die ganze Zeit über so angestrengt habe, hätte er, glaube ich, nicht die leiseste Ahnung, wovon ich rede. Und wenn er es kapieren würde, würde er sich deswegen so fertigmachen und schuldig fühlen, daß ich es nicht ertragen könnte. Darum bin ich da oben geblieben und habe mir einen Job gesucht, nachdem ich von der Bibelschule abgegangen war. Ich hätte es nicht ertragen können, dauernd diesen verwirrten, verletzten, hilflosen Ausdruck auf seinem Gesicht zu sehen.«

Anne sagte: »Daher kommt also all dieser Zorn, Charles – von dem Gefühl, daß Gott *dich* im Stich gelassen hat und daß du deinen Vater im Stich gelassen hast und daß alles einfach furchtbar ist?«

»Mehr oder weniger«, erwiderte Charles, und dann fragte er voller Vertrauen wie ein kleines Kind: »Was soll ich machen, Anne?«

»Es gibt zwei Dinge, die ich dir sagen möchte, Charles«, sagte Anne. »Erstens glaube ich, daß wir alle hier in diesem Raum dich um Verzeihung bitten müssen, meinst du nicht, Adrian?«

Fühlte mich ziemlich überrumpelt.

»Äh, ja, ja, gewiß müssen wir dich um – um Verzeihung bitten, Charles, aus – nun, äh... aus offensichtlichen Gründen.«

»Meinst du wegen der Vergangenheit, Mama?«

Anne lächelte. »Ja, Gerald, wegen der Vergangenheit. Ich weiß nicht, was mit uns Christen los ist. Wir sind so beschäftigt damit, anständig und wohlerzogen zu sein, daß wir ganz vergessen, zu helfen, wenn Not am Mann ist.«

Ich nickte ernst und sagte: »Wie wahr, wie wahr.« Hatte nicht die entfernteste Idee, wovon Anne redete.

»Die Sache ist die, daß ich dir schon vor Jahren hätte sagen können, daß das wahrscheinlich eines Tages passieren würde, Charles, aber ich habe es nicht getan, weil es – na ja, ich weiß, es klingt erbärmlich, aber es schien mich nichts anzugehen. Ich konnte sehen, wie du verzweifelt versuchtest, so zu sein, wie deine Eltern dich haben wollten, und wenn ich ein bißchen mehr Mut oder was auch immer gehabt hätte, hätte ich dir gesagt, daß das nichts mit Christsein zu tun hat, und dir damit vielleicht zumindest ein bißchen von all diesem Schmerz erspart. Es tut mir wirklich leid. Es scheint in Gemeinden wie der unseren schon immer ein Problem gewesen zu sein, daß wir die Leute einfach sich selbst überlassen, solange sie nur die richtigen Töne von sich geben, selbst wenn wir sicher sind, daß darunter ein echtes Vakuum besteht. Bitte vergib mir – uns –, daß wir dich so im Stich gelassen haben.«

»Natürlich, Anne«, sagte Charles. »Es war sowieso nicht deine Schuld. Du bist immer nett zu mir gewesen. Was – was war das andere, das du sagen wolltest?«

»Nur, daß ich glaube, daß du deinen Vater unterschätzt. Ich glaube nicht, daß er sich im Moment einen Pfifferling darum schert, was du glaubst oder nicht glaubst. Du machst dir darum sowieso viel mehr Sorgen als Gott – falls es ihn gibt natürlich. Ich glaube, dein Vater würde viel besser damit klarkommen, zu wissen, was los ist, als mit den unbestimmten Sorgen und düsteren Ahnungen. Warum sagst du es ihm nicht einfach? Ich glaube, du würdest überrascht sein.«

»Ich soll es ihm einfach sagen?«

»Mm.«

Charles war gegenüber Anne immer wie ein gehorsames Hündchen. Er ging geradewegs zum Telefon und bat seinen Vater, zu uns herüberzukommen, weil er ihm etwas sagen wolle. Minuten später stand der arme alte Richard bei uns auf der Matte, das Gesicht zu einer Maske der Spannung und Sorge verzerrt, als ich ihn hereinließ. Wir ließen die beiden allein in der Küche und warteten so lange im Wohnzimmer – es schien Stunden zu dauern. Als Vater und Sohn endlich wieder zum Vorschein kamen – also, zwei kleine Sonnenstrahlen ist gar kein Ausdruck. Richard kriegte sich gar nicht wieder ein vor Erleichterung. Er fummelte aufgeregt an seiner unvermeidlichen Krawatte herum, während er sprach.

»Charles hat, äh... mir von den Problemen erzählt, die er, äh... in den letzten Jahren hatte, und ich bin sehr glücklich, daß er mir von – daß er mir von – nun ja, daß er mir davon erzählt hat. Ich hatte schon Angst, er wäre einfach wütend auf mich, weil ich so – weil ich so – na ja, weil ich nun einmal so bin, wie ich bin, denke ich, aber jetzt bin ich ganz sicher, daß wir in der Lage sein werden, zu ...«

Richard kratzte sich am Kopf, offensichtlich nicht ganz in der Lage, auszudrücken, wozu sie in der Lage sein würden, aber das spielte auch keine Rolle. Ich schätze, wir wußten alle, wie er es meinte. Sie wußten, daß sie sich lieb hatten, und das war kein schlechter Anfang.

Traf viel später in der Küche Gerald, der leise vor sich hin lachte. Fragte ihn, was er so komisch finde.

Er sagte: »Ach, ich mußte nur an Charles' Seminar über Bannerzerreißen denken. Weißt du, auch wenn es ein ziemlich negativer Gedanke ist, glaube ich, hat er vielleicht sogar recht. Es würden eine Menge Leute kommen ...«

Mußte an die Cooks denken, bevor ich schlafen ging. Warum hat Charles kaum von seiner Mutter gesprochen? Warum ist sie nicht mit Richard herübergekommen?

Dienstag, 12. April

Mag gar nicht daran denken, daß ich nächste Woche wieder zur Arbeit muß. Ich weiß, es ist furchtbar, aber mir ist, als wäre Glander eine Art Verstopfung in meiner Hauptleitung. Widerliche Vorstellung, ich weiß, aber so fühle ich mich.

Mittwoch, 13. April

Betete heute beim Mittagessen mit Anne über Glander. Die ganze Sache nimmt meine Gedanken in lächerlichem Ausmaß gefangen. Anne sagt, jetzt, wo wir gebetet haben, müssen wir Gott vertrauen, aber meine Erfahrung ist, daß er kaum jemals ganz genau das, was ich will, ganz genau so tut, wie ich es will.

Donnerstag, 14. April

11.00 Uhr.

Ungemein begeistert und ungemein verärgert und noch alles mögliche andere durch einen Anruf von Everett Glander gerade eben. Soweit ich mich erinnere, das erste Mal in meinem Leben, daß Gott gleich postwendend antwortet.

Gespräch begann folgendermaßen:

»Adrian? Hier Glander – Everett Glander. Wie war's bei den Aussies?«

»Oh, sehr schön, danke, Everett. Wir haben es sehr genossen, ja. Ging alles sehr gut. Wie geht es dir?«

»Tja, also, hättest du eine Minute Zeit? Ich weiß, ihr internationalen Redner seid sehr beschäftigt.«

»Dummes Zeug – natürlich, was kann ich für dich tun?«

Bin immer ziemlich unter Druck, wenn Glander anruft. Ertappe mich dabei, die Zähne zusammenzubeißen und nervös an der Telefonstrippe herumzuzupfen. Warum in aller Welt rief er an einem Donnerstagvormittag von der Arbeit aus an? Hätte ich vielleicht heute schon wieder antreten müssen?

»Tja, die Sache ist die, alter Knabe – halt dich fest –, ich glaube, ich bin einer von denen geworden – oder besser gesagt, einer von euch.«

»Einer von uns geworden? Wie meinst du das?«

»Ich meine, daß ich einer von deinem Haufen geworden bin, alter Junge. Ich bin beigetreten – habe mich auf die Liste setzen lassen. Ich bin unter den Auserwählten. Du und ich, wir sind sozusagen Brüder.«

Pause, während der Groschen langsam herunterrutschte.

»Versuchst du mir etwa beizubringen, daß *du Christ* geworden bist, Everett?«

»Tja, so könnte man sagen, Chef, und ich muß sagen, ich fühle mich verdammt gut dabei. Wünschte, ich hätte den Sprung schon vor Jahren gewagt.«

So, wie Glander es sagte, klang es wie der Beitritt zu einem Schwimmverein, aber ich schätze, das ist einfach so seine Art. Was mir eigentlich zu schaffen machte, war meine eigene zwiespältige

Reaktion auf seine Neuigkeit. Zum Teil freute ich mich natürlich sehr – aber teilweise war ich auch, trotz meines Gebets von gestern, entsetzt. Everett hat es schon immer geschafft, mich in meinen eigenen Augen herabzusetzen. Was immer mir etwas bedeutet, scheint, wenn ich mit ihm zusammen bin, zu schrumpfen und albern zu wirken. Wie wird es sein, wenn er in unsere Gemeinde oder gar in unseren Hauskreis kommt? Was wäre, wenn – der Himmel schütze mich! –, was wäre, wenn Edwin zu dem Schluß käme, daß Everett ein guter Kandidat für meine Unterstützergruppe wäre? Der Gedanke, daß er da sitzt und bei den intimsten Dingen über mich zuhört und dann vor allen anderen seine beißenden Bemerkungen darüber macht, läßt mir das Blut gefrieren.

Versuchte, so begeistert zu reagieren, wie ich konnte. Fiel mir nicht leicht.

»Na, das ist ja eine großartige Neuigkeit, Everett! Eine echte Überraschung.«

»Du meinst, du bist überrascht, daß ein Heide mit einem so schwarzen Herzen wie ich noch genug Kraft in seinem sündengebeutelten Körper hat, sich zum Thron der Gnade hinzuschleppen, alter Knabe?«

»Nein, so habe ich es natürlich nicht gemeint. Ich habe nur gemeint – ich weiß nicht, wie ich es gemeint habe«, endete ich lahm. »Wie auch immer, erzähl mir, wie es passiert ist.«

»Tja, ich schätze, letzten Freitag hätte man überall Statuen bluten und Marienkäfer in Kinder-T-Shirts zum Leben erwachen und Zeichen am Himmel und jede Menge anderer wundersamer Erscheinungen beobachten können, wenn man nur gewußt hätte, wo man hingucken muß, denn es ist alles ganz zufällig passiert, wenn man seine Gegenwart nicht in Betracht zieht; du weißt, was ich meine.«

»Was ist passiert?«

»Bin auf ein paar Bierchen ins ›King and Country‹ gegangen, wie ich es freitags abends immer mache, und auf dem Rückweg – du kennst doch dieses kleine, altmodische, kapellenähnliche Gebäude, das etwas zurückgesetzt zwischen der Esso-Tankstelle und dem chinesischen Takeaway-Restaurant steht, nicht?«

»Ja, aber die Leute da sind eigentlich nicht das, was ich –«

Verstummte plötzlich, als ich merkte, was ich da sagte. In der Vergangenheit hatte ich dahin tendiert, die Gemeinde, von der Everett sprach, als verstaubt und leblos abzutun. Jetzt wurde mir plötzlich klar, daß ich überhaupt nichts über sie wußte.

»Nicht das, was du ... was denn, alter Junge?«

»Ach, ich meinte nur, daß ich eigentlich noch nie dort gewesen bin, das ist alles.«

Eines der Dinge, die mir an Glander schon immer Angst gemacht haben, ist seine Art, das, was ich sage, zu durchschauen und dann das zu kommentieren, was dahintersteckt. Genau das tat er auch jetzt.

»Na, da bin ich aber erleichtert, alter Knabe. Einen furchtbaren Moment lang dachte ich, du wolltest sagen, daß die Leute da unten so eine Art geistlicher Abschaum sind oder so. Aber das wolltest du ja nicht sagen, oder?«

»Äh, nein, natürlich nicht.«

»Oh, gut. Wie auch immer – wo war ich? Ach ja, auf dem Heimweg von der Kneipe fiel mir zufällig auf, daß da in dieser kleinen Kapelle gerade irgendein Tänzchen im Gange war, und ich schlich mich durch die Tür und klemmte mich hinten auf eine Bank, während sie am Singen waren. Versuchte, keinen anzuhauchen – aber ich fürchte, bei ›Shine, Jesus, shine‹ fing meine Fahne doch ein bißchen zu flattern an. Und dann hielt so ein Typ eine Ansprache. Muß sagen, daß es anfangs alles andere als vielversprechend wirkte. Kennst du diese alten bebilderten Benimmbücher, die jetzt manchmal nachgedruckt werden, in denen steht, was man anziehen und wie man sich kämmen soll und wie man sich in Gesellschaft richtig benimmt?«

»Ja, ich – ich glaube, ich weiß, was du meinst.«

»Also, dieser Bursche erinnerte mich an die Bilder, mit denen die immer gezeigt haben, wie man sich *nicht* benehmen sollte. Till Eulenspiegel ohne Narrenkappe und Scherze – besser kann ich ihn nicht beschreiben.«

»Aber die Ansprache war gut?«

Es war die erste Pause seit dem Beginn des Telefongesprächs, aber ich konnte beinahe hören, wie Everett angestrengt nach einer Möglichkeit suchte, etwas auszudrücken, ohne es in Frotzelei zu wickeln wie in buntes Cellophan.

»Die Ansprache war eigentlich nicht so besonders. Nur – es ergab auf einmal alles einen Sinn.«

»Was ergab einen Sinn?«

Genoß es ziemlich, Glander in die Enge zu treiben, um ihn dazu zu bringen, etwas so zu sagen, wie er es wirklich meinte.

»Weißt du, das ganze Zeug mit dem Nachhausegehen – die alte Geschichte mit dem verlorenen Sohn und so. Darüber ließ sich dieser Typ aus, daß man nach Hause geht und dann alles gut ist – daß man Vergebung bekommt und so. Schnappte mir den Burschen hinterher und bat ihn, mit mir zurück ins ›King and Country‹ zu gehen. Wollte ihn ein bißchen herausfordern, nehme ich an. Aber was soll ich dir sagen – der Kerl ging tatsächlich mit. Ich sage dir was, alter Junge, wenn du noch nie in einer Arbeiterkneipe, wo dir die Darts und die dreckigen Witze um die Ohren fliegen, gesessen hast und einem Doppelgänger von Till Eulenspiegel zugehört hast, wie er über Religion erzählt, dann hast du einfach noch nicht richtig gelebt.«

»Was hat dir denn dieser Mann gesagt, das du noch nicht gehört hattest?«

»Was hat er mir *nicht* erzählt, das ich noch nie gehört hatte, meinst du. Diese ganze starke Sache, daß man in Christus ein neuer Mensch ist, zum Beispiel.«

»Aber *ich* habe dir doch gesagt –«

»Und dann diese Verbindung zwischen dem Alten und dem Neuen Testament. Diese ganzen Prophezeiungen, die genau ins Schwarze trafen, alter Knabe. Verblüffend!«

»Aber *ich* habe dir doch erklärt –«

»Und allein die Tatsache, daß ich höchstpersönlich, der miese alte E. Glander, dem Boß am Herzen liege. Auf den Gedanken wäre ich nie gekommen.«

»Ich weiß nicht mehr, wie viele Male ich versucht habe, dir zu sagen –«

»Aber das Wichtigste ist, alter Junge, daß ich wirklich, tja, man könnte sagen, eine richtige Beziehung zu deinem Jesus haben kann – meinem – unserem, besser gesagt.«

»Ich *fasse* nicht, daß du nicht mehr weißt –«

»Ich muß schon sagen, alter Junge, du hättest mir ein paar dieser Sachen ruhig schon früher mal verklickern können.«

War stinksauer. All die Jahre habe ich mir Glanders zynische Kommentare angehört und versucht, ihm zu sagen, worum es in meinem Glauben geht, und dann schickt Gott Till Eulenspiegel daher, um ihm Dinge zu sagen, die er längst gehört hat, und ihn in einer Kneipe zu bekehren.

»Danach bin ich nach Hause gegangen«, fuhr Everett fort, »und habe meiner Frau erzählt, daß ich mich von ›Big J‹ unter Vertrag nehmen lassen will, und sie löste sich total in Tränen auf. Heulte den ganzen Teppich voll und sagte dann, sie hätte schon seit Jahren darauf gewartet, daß das passieren würde. Ich kniete mich zu ihr auf den Teppich, und wir machten die Sache an Ort und Stelle klar.«

Fühlte mich plötzlich sehr schuldig. Vermute, der Heilige Geist kann tun, was er will und wann er es will. Na ja, ich meine, natürlich kann er das. Versuchte, positiver zu sein.

»Also, das ist eine phantastische Neuigkeit, Everett, wirklich. Dann wirst du dich vermutlich am Sonntag mit Joyce zusammen auf den Weg in diese Kapelle machen, was?«

Betete im stillen, er möge ja sagen.

»Lieber Himmel, nein, alter Knabe! Wir kommen natürlich zu euch! Würde nie woanders hingehen. Das ist der zweite Grund, warum ich anrufe. Meinst du, Edwin, euer Ältester oder wie das heißt, hätte etwas dagegen, daß Joyce und ich von vorne erzählen, was passiert ist, wenn wir uns kurz fassen? Nur um die Sache festzumachen, sozusagen.«

Sagte, ich sei sicher, daß Edwin ihnen gern diese Möglichkeit geben würde, und versprach, ihn selbst anzurufen, um das zu regeln.

Everett sagte: »Ach, noch eine Sache – gestern abend ist noch etwas passiert, wovon ich dir noch nichts erzählt habe, nicht einmal Joyce.«

»Eine geistliche Erfahrung, meinst du?«

»Oh ja, so muß man es ganz bestimmt nennen, alter Junge, ein echter Hammer war das, aber ich glaube, ich spare mir das als Überraschung für Samstag auf.«

Legte mit ziemlich schwerem Herzen den Hörer auf. Everett Glander wird ein Mitglied meiner Gemeinde werden. Wieder einmal steckt das wirkliche Leben seine Nase dort hinein, wo es nicht erwünscht ist.

SPÄTER

Erzählte Anne und Gerald, was mittags passiert war. Gerald war zu sehr in die Zeitung vertieft, um sich groß dafür zu interessieren, aber Anne nahm die Neuigkeit mit echter Freude auf, wie ich es von ihr auch nicht anders erwartet hätte.

Sie sagte: »Ich freue mich so sehr für Joyce, sie war so geduldig. Ich hätte diesen Mann nicht diese ganze Zeit ertragen können.«

»Du meinst doch nicht etwa, daß er noch unangenehmer ist als ich, oder?«

»Nein«, sagte Anne, die nie an meinen Köder anbeißt, wenn ich nach Komplimenten angele, »er ist nur auf eine andere, noch unerträglichere Art unangenehm.«

Erzählte ihr, wie frustrierend es war, daß Everett all diese Dinge über das Christentum von Till Eulenspiegel gehört hatte, als ob sie ihm völlig neu wären, obwohl ich ihm seit Jahren damit in den Ohren gelegen hatte.

Sie sagte: »Ich glaube, du unterschätzt die Wirkung, die du im Lauf der Jahre auf ihn gehabt hast, Schatz. Es ist wie bei dieser alten chinesischen Wasserfolter, nicht wahr? Ein kleiner Tropfen, der in regelmäßigen Abständen fällt, hat sicherlich über einen längeren Zeitraum hinweg eine enorme Wirkung. Warum schlägst du nicht Edwin vor, daß du Everett und Joyce am Sonntag im Gottesdienst interviewst, da du ihn nun einmal besser kennst als irgend jemand sonst?«

Fand die chinesische Wasserfolter als Metapher für mein christliches Zeugnis ein wenig unglücklich gewählt, aber ich verstehe, was Anne meint. Und der Gedanke, die beiden zu interviewen, gefällt mir. Insgeheim hoffe ich unwillkürlich, daß die Leute Everett und Joyce sozusagen als Früchte meiner langwierigen Bemühungen sehen werden. Vielleicht wird mir Everett auch nicht mehr so auf die Nerven gehen, jetzt, wo er Christ ist – mal sehen. Frage mich, was wohl seine »Überraschung« sein mag. Freue mich jetzt richtig auf Sonntag.

Als ich gerade aufstand, blickte Gerald plötzlich mit einem verwirrten Ausdruck auf dem Gesicht von seiner Zeitung auf und sagte: »Paps?«

»Ja?« erwiderte ich.

»Habe ich mir das eingebildet, oder hast du gerade eben gesagt, daß Everett Glander in einer Kneipe von Till Eulenspiegel zum Glauben geführt worden ist?«

»Doch, das stimmt«, sagte ich beiläufig und genoß es, keine weitere Erklärung abzugeben.

»Sollte das ein Witz sein?«

»Ein Witz?« sagte ich leichthin. »Daß Everett Glander von Till Eulenspiegel zum Glauben geführt wird, ist nicht witziger als – warte mal –, na ja, nicht witziger als deine Bemerkung, ich hätte es nicht richtig überdacht, als ich Percys Dach reparieren wollte. Oder vielleicht gerade mal genauso witzig.«

Gelingt mir nur selten, meinen Sohn zu schlagen.

Er seufzte und sagte: »Also schön, Paps, du erklärst mir die Sache mit Everett Glander und Till Eulenspiegel in der Kneipe, und ich sage dir, warum alle darüber gelacht haben, daß du das damals nicht richtig überdacht hast.«

Stimmte zu.

Er verriet es mir.

Also, jetzt weiß ich es! Hat sich eigentlich kaum gelohnt, darauf zu warten. Geschweige denn, mich von der ganzen Familie als Rennpferd mißbrauchen zu lassen...

Rief heute abend Edwin an, um ihm den Vorschlag mit dem Interview zu machen. Er ist Everett in den letzten Jahren hin und wieder begegnet und freute sich sehr, als er hörte, was passiert ist. War begeistert von Annes Idee, daß ich Everett und Joyce ein paar Fragen stelle – sie sozusagen aus der Reserve zu locken, aber er meinte, ich solle sie lieber vorher anrufen, um sicherzugehen, daß sie es auch gerne so machen würden. Rief gleich danach Everett an und fragte, ob er etwas dagegen hätte, interviewt zu werden.

Er sagte: »Joyce wird vielleicht ein bißchen nervös sein, vermute ich, also setze uns nicht zu hart zu, alter Junge, ja? Aber ja, mach uns ruhig den Letterman – bringt dir ein paar Pluspunkte, was, alter Knabe?« Woher *weiß* er es nur immer? »Aber vergiß nicht, mich auch nach diesem anderen Erlebnis, das ich hatte, zu fragen, okay?«

Muß mir bis zum Wochenende ein paar Fragen notieren. Bin wirklich neugierig auf dieses »andere Erlebnis«. Komm schon, Sonntag!

Freitag, 15. April

Heute morgen kamen Fotokopien zweier Zeitschriften-Rezensionen meines letzten Buches mit der Post, weitergeleitet vom Verlag. Beschloß, den Beweis anzutreten, daß Anne und Gerald bezüglich meiner sogenannten Unfähigkeit, Kritik anzunehmen, im Irrtum sind. Ich werde jetzt die erste lesen und mich dann in meinem Tagebuch darüber äußern, wobei ich in meiner Reaktion so objektiv und reif wie möglich sein werde.

FÜNF MINUTEN SPÄTER

Nun, ich muß sagen, diese erste Rezension ist sehr gut und ausgewogen durchdacht. An Stil, Struktur und allgemeiner Präsentation gibt es kaum etwas auszusetzen. Man hat das Gefühl, es mit einem Mann oder einer Frau zu tun zu haben, mit dem oder der man gerne eine herzliche, persönliche Freundschaft aufbauen würde. Allein durch die geschriebenen Worte scheint der Autor sich dem Leser zuzuwenden und zu sagen: »Bei mir bist du sicher – entspanne dich und vertraue mir, daß ich dir neue Wahrnehmungsweisen eröffne, die dich anregen und bereichern werden.« Bin wirklich sehr beeindruckt. Es stimmt, daß die Rezension inhaltlich fast durchweg angenehm positiv ist, aber ich glaube ehrlich, daß ich zu derselben Schlußfolgerung gelangt wäre, wenn der allgemeine Inhalt negativ gewesen wäre.

Und nun werde ich die zweite Rezension genau in demselben Geist gelassener, unparteiischer Objektivität lesen.

NEUNZIG SEKUNDEN SPÄTER

Tut mir leid, aber was hilft es, sich um Objektivität zu bemühen, wenn man solchen Müll vorgesetzt bekommt? Ich meine, wenn sie in diesem armseligen Käseblatt schon unbedingt Rezensionen bringen müssen, könnten sie zumindest dafür sorgen, daß der Verfasser (a) ein menschliches Wesen ist, das weiß, was ein Satz ist, und (b) das Buch, das er besprechen soll, auch tatsächlich gelesen hat. Am liebsten würde ich mich übergeben, wirklich! Zweifellos irgend so ein emporgekommener, kunstsnobistischer Jammerlappen, der sich da öffentlich über das Ergebnis der harten Arbeit anderer äußern darf. Erschießen sollte man den elenden Parasiten! Am liebsten würde ich es selbst tun. Saukerl!

Samstag, 16. April

Hatte vor, den gestrigen Eintrag herauszureißen, bevor Anne und Gerald ihn zu Gesicht bekamen. Vergessen! Stürmte heute morgen hinunter, aber es war zu spät. Gerald drohte, ihn einzurahmen und all unseren Freunden eine Kopie zu Ostern zu schenken.

Sonntag, 17. April

Wachte heute morgen mit diesem komischen Gefühl auf, das man hat, wenn man weiß, daß etwas Besonderes stattfindet, sich aber nicht mehr ganz erinnern kann, was es ist, und man weiß, daß man sich entweder sehr darauf freut oder schrecklich davor fürchtet, aber man ist nicht sicher, was von beiden. Wohlgemerkt, ich war mir dessen immer noch nicht sicher, auch *nachdem* mir eingefallen war, was es war.

Fühlte mich aber ziemlich gut, als ich in der Gemeinde ankam. Freute mich darauf, in aller Bescheidenheit öffentlich demonstrieren zu können, was der Herr durch seine schlachterprobten Diener zu tun imstande ist. Lediglich ein kleines bißchen besorgt, Glander könnte den einen oder anderen weniger bewundernswerten Exzeß eines gewissen schlachterprobten Dieners zum Besten geben. Beschloß, dafür zu sorgen, daß die Fragen ihm keine Gelegenheiten ließen, irgend etwas über mich zu sagen.

Everett und Joyce hatten von Edwin Plätze in der ersten Reihe zugewiesen bekommen, und sie waren bereits da. Joyce strahlte vor Freude, warf aber laufend kleine, nervöse Blicke um sich, und Everett saß entspannt mit dem Ellbogen auf der Stuhllehne da, wie er es auch im Büro immer tat.

Wurde während des ersten Teils des Gottesdienstes ein wenig ungeduldig. Jemand stand auf, um uns auf einen jener »Gedanken« zu bringen, die in mir immer den Wunsch wecken, den Denker zu verprügeln. Das ist so ärgerlich, weil man sich dann wünscht, man hätte nicht so reagiert, und das Gefühl hat, man müßte Buße tun, und – ach, es ist alles so lästig. Diesmal war es Sadie Wingford, die sich mit ihrer inbrünstigen Frömmigkeit kleidet wie Alice im Wunderland, obwohl sie Mitte zwanzig ist. Gerade, als wir einen meiner Lieblingschorusse singen wollten, sprang sie von ihrem Platz auf und tänzelte nach vorn zu Edwin, der mit seiner gewohnten Geduld zuhörte, wie sie ihm etwas ins Ohr flüsterte.

Edwin sagte: »Sadie hat gefragt, ob sie uns allen einen Gedanken mitteilen darf. Du hast das Wort, Sadie – schieß los.«

»Also«, sagte Sadie mit ihrer atemlosen Stimme – Gerald sagt, sie klingt wie eine Kreuzung zwischen Schneewittchen und Marilyn Monroe – »ich hatte gestern abend plötzlich einen kostbaren kleinen Gedanken, und – na ja, ich fand ihn einfach zu schön, um ihn für mich zu behalten, und da habe ich zum Herrn gesagt: ›Bitteschön, darf ich ihn morgen früh mit all meinen Brüdern und Schwestern in der Gemeinde teilen?‹, und er sagte ›Oh ja!‹. Wer möchte gern meinen ganz besonderen Gedanken hören?«

Sie legte ihren Kopf schief, verdrehte die Augen gen Himmel und öffnete ihren Mund bis zur Größe eines Golfballs wie jemand, der in einem dieser schlechten Musicals im Gebirge auf das Echo lauscht. Die Gemeinde rutschte unruhig auf den Stühlen herum und gab eine Art zustimmendes Gemurmel von sich. Sadie interpretierte die unbehaglich genuschelten Laute als positive, begeisterte Reaktion auf die Aussicht, ihren ganz besonderen Gedanken zu hören, und fuhr fort.

»Mein kleiner Gedanke war folgender. Ist die gute Nachricht des Evangeliums nicht wie eine Tischdecke?«

»Oh, Gott!« stöhnte Gerald ehrfurchtslos neben mir im Flüsterton, »ich glaube, ich ertrage es nicht, von ihr zu hören, warum die gute Nachricht des Evangeliums wie eine Tischdecke ist. Habe ich genug Zeit, um zur Toilette zu gehen?«

Hatte er nicht.

»Die gute Nachricht des Evangeliums ist wie eine Tischdecke, weil« – Sadie machte eine dramatische Pause – »sie AUSGEBREITET werden muß!!!«

Gerald meinte grimmig, Sadie Wingford sei wie Sahne, weil sie geschlagen werden müsse. Er sagte es nur im Scherz, aber ich weiß, was er meint. Sie kann einem bisweilen ziemlich auf die Nerven gehen.

Da fand ich den Gedanken, von dem Edwin uns erzählte, schon viel erbaulicher.

Er sagte: »Ich bin auf einen Bibelvers gestoßen, der möglicherweise eine große Ermutigung für diejenigen Damen in der Gemeinde sein könnte, die noch nicht verheiratet sind, es aber gerne wären. Es ist der erste Vers des sechsundfünfzigsten Psalms: ›Gott, sei mir gnädig, denn Männer stellen mir nach...‹«

Gab einen kräftigen Lacher in der Gemeinde, einschließlich eines ziemlich rohen Wieherns von Everett Glander in der ersten Reihe. Beugte mich zu Anne hinüber und sagte: »Ich hoffe nur, er ist auch wirklich erlöst.«

Endlich war ich an der Reihe, Everett und Joyce zu interviewen. Edwin lud uns alle ein, nach vorn zu kommen, ohne zu sagen, was nun passieren würde, und setzte sich in die erste Reihe, um zuzuhören.

Fühlte mich plötzlich in Hochform. Sagte den Leuten, daß ich schon seit etlichen Jahren mit Everett zusammenarbeite und mir immer gewünscht habe, er möge eines Tages Christ werden (sagte freilich nichts davon, wie ausgesprochen widerwärtig ich ihn die meiste Zeit über gefunden hatte oder daß ich gewünscht hatte, er würde sterben, als er kürzlich eine Erkältung gehabt hatte). Dann berichtete ich, daß mich Everett kürzlich angerufen habe, um mir eine gute Neuigkeit mitzuteilen, über die er und Joyce heute auch vor der Gemeinde berichten wollten.

(Ist es nicht komisch, wie man bei solchen Gelegenheiten in die passende Rolle schlüpft, ohne auch nur darüber nachzudenken? Gerald erzählte mir heute abend, ich hätte all die Manierismen mit auf den Zehen wippen, Händereiben und mit der Unterlippe zwischen den Zähnen lächeln zur Schau gestellt, die mir sonst bei anderen auffielen, wenn sie ähnliche Dinge taten. »Na ja«, sagte ich zu ihm, »glaube kaum, daß das wirklich eine Rolle spielt.« »Nein«, sagte er, »solange du nur unehrlich bist. Nur das zählt.« Vielleicht habe ich ihn mißverstanden.)

Glander berichtete mit überraschender Schlichtheit von den Ereignissen in der Kapelle und hinterher in der Kneipe, und dann bat ich Joyce, allen zu erzählen, was passiert sei, als er nach Hause kam. Die Leute schlossen Joyce, eine zierliche, adrett gekleidete Dame mit leiser Stimme, sogleich ins Herz, als sie berichtete, daß sie sich schon seit langem sehr zu Jesus hingezogen fühlte, es aber mehr oder weniger für sich behalten habe, da sie wußte, daß Everett damit nicht nur nicht zurechtgekommen, sondern vermutlich sogar noch weiter vom Glauben weggetrieben worden wäre, wenn er es gewußt hätte. Sie fing fast an zu weinen, aber nicht ganz.

Ein heikler Punkt, gleich nachdem Joyce fertig war, als Everett sagte, die Zusammenarbeit mit mir über all die Jahre müsse wohl auch etwas damit zu tun haben, was geschehen war, trotz, wie er sich ausdrückte, »der einen oder anderen Sache, die ich hier lieber nicht erwähnen sollte«. Einen Augenblick lang schlug mir das Herz bis zum Hals, da ich dachte, er würde sich über jenen schrecklichen Abend auslassen, als ich auf einer Party im Büro mehr getrunken hatte, als gut für mich war, und zu Everett sagte, er könne sich seine Überzeugungen »in den Hintern stecken«, nachdem er mir wieder einmal zu verstehen gegeben hatte, daß er mit den meinen nicht übereinstimmte. Aber er sagte nichts darüber, und ich fing an, in mir ein sehr befriedigendes, warmes, besitzerstolzes Glühen über die ganze Sache zu empfinden. Dieser Mann, der seit vielen Jahren mein Kollege war, stand neben mir vor der Gemeinde und bekannte sich zu seinem Glauben an Jesus. Welch ein Vorrecht!

»Vergiß nicht, alter Junge«, unterbrach Everett flüsternd mein Sonnenbad, »du wolltest mich noch nach meinem Erlebnis neulich abends fragen.«

Mein großer Fehler an der Stelle war natürlich, daß ich bewußt den Eindruck erweckte, ich wüßte, was er sagen wollte. Wahrscheinlich war mir der Besitzerstolz ein wenig zu Kopf gestiegen.

Ich sagte wörtlich folgendes: »Ach ja! Everett hat uns allen noch etwas zu erzählen, und ich kann euch sagen, ihr werdet Augen machen. Der Herr hat wirklich in seinem Leben gearbeitet. Erzähl den Leuten, was passiert ist, Everett«, und ich lächelte, als ob ich mich an einen früheren Bericht über das Ereignis erinnerte, was immer es gewesen sein mochte.

»Gut«, sagte Everett, »also, liebe Leute, ich schätze, das war dann sozusagen der Zuckerguß auf dem Kuchen, und ich möchte in aller Öffentlichkeit ein großes Dankeschön sagen an – na ja, ich schätze, ich muß ihn wohl von jetzt an Gott nennen, was? Nicht, daß ich ihn bisher nicht Gott genannt hätte, Sie verstehen – ich habe ihm nur nicht, äh – für irgend etwas gedankt.«

Ich muß zugeben, daß es gut tat, Glander auch einmal ins Stokken geraten zu sehen. Es machte mir richtig Spaß, freundlich auf ihn einzureden.

Ich sagte: »Nur die Ruhe, Everett, laß dir Zeit, altes Haus. Entspann dich einfach und erzähle allen, wie der Herr zu dir gesprochen hat.«

»Tja, um ehrlich zu sein, alter Junge«, sagte Everett, »es war eigentlich gar nicht der Herr, der zu mir sprach – eher meine verstorbene Großmutter.«

Einen Moment lang völlig gelähmt. Verstorbene Großmutter? In unserer Gemeinschaft waren keine verstorbenen Großmütter zugelassen – jedenfalls keine, die zu ihren lebendigen Enkeln sprachen. Was redete er da? Kam zu dem Schluß, daß ich ihn irgendwie zum Schweigen bringen mußte. Allerdings hat Glander eine Stimme, die nicht leicht zum Schweigen zu bringen ist. Krümmte mich innerlich, während er fortfuhr.

»Die Sache ist die, daß ich immer ziemlich an Oma gehangen habe, die interessanterweise selbst total auf die Sache mit Jesus abfuhr. Wissen Sie, da ich die meiste Zeit meiner Kindheit ohne so etwas wie Eltern auskommen mußte, war ich ziemlich abhängig von Oma. An den meisten Wochenenden düste ich hinunter zu ihr nach Newhaven, um alles mögliche auszuchecken. Sie sagte mir, was sie dachte, und ich sagte, vielen Dank, aber ich glaube, du irrst dich wahrscheinlich, und dann lächelte sie so auf ihre ganz eigene Art, und ich düste wieder ab nach Hause und stellte fest, daß sie absolut recht hatte. Tja, und nachdem dann diese komische Sache in der Kapelle und in der Kneipe passiert war, nachdem ich jahrelang an der Arbeit von unserer Billy-Graham-Sparausgabe vom Dienst hier bearbeitet worden war (anhaltendes Gelächter der Gemeinde – vielen Dank, Everett), da sagte mir eine innere Stimme: ›Glander, bevor du sozusagen das Paket tatsächlich auf die Post gibst, mach dich auf den Weg nach Newhaven und frag die gute alte Oma, was sie davon hält.‹ War natürlich eine blödsinnige Bemerkung von meiner inneren Stimme, denn die arme alte Oma hat schon vor einem halben Jahrzehnt den Löffel abgegeben. Trotzdem –«

Everetts Brille beschlug ein wenig, und er unterbrach sich. Joyce trat näher heran und nahm seinen Arm. Das war meine Gelegenheit, dieser Sache ein Ende zu machen, bevor sie aus dem Ruder lief.

»Nun, im Namen aller möchte ich dir, Everett, und dir, Joyce, herzlich danken, daß ihr so –«

»Moment, alter Knabe«, sagte Glander, »ich bin noch nicht dazu gekommen, zu erzählen, was passiert ist.«

Ich schaute mit großer Geste auf meine Uhr, bevor ich mit der Zunge schnalzte und seufzte, als ob ich tief enttäuscht wäre.

»Ich fürchte wirklich, die Zeit ist uns davongelaufen«, sagte ich verzweifelt, »und ich bin sicher, Edwin würde mir zustimmen, daß es sehr wichtig ist, daß wir uns – daß wir uns an den Zeitplan halten, auf den die Leute sich eingestellt haben – ist es nicht so, Edwin?«

Warf Edwin in der ersten Reihe einen drängenden Blick zu, einen Blick, der in diesem Bruchteil einer Sekunde folgendes ausdrücken sollte:

»Ist dir, dem Ältesten dieser Gemeinde, klar, daß dieser Verrückte neben mir, dieser mega-lästige Typ, der mir das Leben an der Arbeit seit unzähligen Jahren zur Hölle macht, indem er genau solche Nummern abzieht, im Begriff steht, seine Behauptung, er habe sich bekehrt, zu untermauern, indem er irgendeine Art von Gespräch mit einer älteren Dame schildert, die seit Mitte der achtziger Jahre tot ist? Ist dir klar, daß es hier ein paar Leute gibt, die fast mit Sicherheit versuchen werden, ihn hier an Ort und Stelle zu lynchen, wenn er noch lange weiterredet? Wirst du mir bitte, bitte zustimmen, daß wir keine Zeit mehr haben?«

Ich bin ganz sicher, daß Edwin meinen brennenden Blick völlig akkurat interpretierte, aber er ließ sich auf nichts ein.

»Nein, laßt euch ruhig Zeit, Adrian«, rief er mir lässig zu. »Ich bin sicher, die meisten werden nur zu gern auf fünf Minuten von meinem toten Holz verzichten, damit wir noch ein bißchen mehr von Everetts frischem Grün hören können. Mach ruhig weiter, Everett – wir haben reichlich Zeit.«

»Ja, mach weiter, Everett«, echote ich schlaff und fügte tonlos hinzu: »Mit deiner Irrlehre.« Etwas anderes blieb mir nicht übrig.

»Besten Dank«, sagte Everett und setzte etwas schnippisch hinzu: »Wäre nett, wenn ich ausreden dürfte. Also, jedenfalls, am Mittwochabend, nachdem Joyce und ich uns bettfertig gemacht hatten und ich die Katze verschlossen und die Haustür gefüttert hatte, wie ich immer sage, da dachte ich mir, ich setze mich noch mal kurz in Omas alten Korbsessel in der Ecke des Wohnzimmers und denke ein bißchen darüber nach, was sie dazu gesagt hätte, wenn sie Joyce und mich ein paar Tage vorher auf dem Teppich gesehen hätte.« Er zuckte die Achseln. »Weiß nicht recht, ob ich eingenickt bin oder nicht. Vielleicht, aber es spielt eigentlich überhaupt keine Geige, wenn man's recht bedenkt. Mir war einfach, als ob ich Omas Gesicht direkt vor mir sähe, und die Sache ist die – na ja, Oma lächelte und nickte, wie sie es immer tat, und dann sagte sie ›ja‹. Und das schien der ganzen Sache die Krone aufzusetzen. Sag mal«, sagte er plötzlich zu mir, da er wie üblich meine Reaktion spürte, »ich bringe dich doch nicht in Verlegenheit dadurch, daß ich mich so über Oma auslasse, oder? Ihr habt hier nicht zufällig die spanische Inquisition hinter der Kanzel versteckt, die aufs Stichwort zum Vorschein kommt und Leute foltert, die von ihren verstorbenen Großeltern erzählen, oder?«

Ich stand sprachlos da und klappte den Mund auf und zu wie ein beleidigter Karpfen. Edwin rettete mich, indem er aufstand und nach vorne kam, um das Ruder zu übernehmen. Er stellte sich zwischen Everett und Joyce, legte seine Arme um ihre Schultern und sagte: »Wir alle möchten euch beiden danken, daß ihr so tapfer wart, euch heute morgen hier hinzustellen, damit wir hören, wie Jesus euch aufgerufen hat, ihm zu folgen. Wir freuen uns sehr, daß ihr jetzt zu uns gehört. Und was dieses wunderbare Erlebnis angeht, daß du deine Großmutter gesehen hast – nun, Gott ist sehr gütig und sehr weise. Ich vermute, Everett, daß du vermutlich tatsächlich in diesem Sessel für eine Weile eingedöst bist und daß Gott dir in einem Traum gezeigt hat, wie deine Großmutter auf die Neuigkeit reagiert hätte, wenn sie noch da unten in Newhaven wäre, so daß du sie danach fragen könntest. Er wußte, daß du das brauchtest. Ich bin sogar sicher, daß sie dort, wo sie jetzt ist, ganz genauso reagiert. Laßt uns alle gemeinsam Everett und Joyce willkommen heißen.«

Während ich mit den anderen applaudierte, staunte ich wieder einmal über die elastische Qualität in Edwins persönlichen Glaubensüberzeugungen. Manchmal scheint er sie zu dehnen, um eine Person oder etwas, das eine Person denkt oder sagt, mit einzuschließen, aber sie verlieren nie ihre Form. Am Ende sind sie immer wieder so, wie sie anfangs waren, und meistens hat der ganze Vorgang irgend etwas Gutes bewirkt. Wünschte, ich wäre auch so. Vielleicht werde ich es eines Tages sein.

Konnte eine leise Schadenfreude nicht abschütteln, als ich sah, wie Stephanie Widgeon sich nach dem Gottesdienst gierig auf Everett stürzte und ihm zum ersten, doch hoffentlich keineswegs zum letzten Mal ihre bahnbrechende Einsicht über das Wesen der Kirche mitzuteilen.

Sagte heute abend zu Anne: »Was mir ein bißchen Sorgen macht, ist, daß die spanische Inquisition nicht hinter der Kanzel versteckt war – sie war in mir versteckt.«

Anne blickte von ihrer Tätigkeit auf und sagte: »Warum begnügst du dich nicht einfach damit, daß dir vergeben worden ist, und überläßt es Gott, vollkommen zu sein?«

Montag, 18. April
Muß daran denken, »kleistogam« im Lexikon nachzuschlagen.

Dienstag, 19. April
Schreckliche Szene mit Doreen heute abend.

Als erstes rief Richard an, völlig aus der Fassung, und sagte, Doreen sei unterwegs zu Anne und mir, und sie sei, wie er sich ausdrückte, in »äußerst zürnender Verfassung«. Tatsache ist, daß sie schlicht vor Wut schäumte. Lehnte es ab, etwas zu trinken anzunehmen, und wollte sich nicht setzen. Ich fragte sie, warum sie so wütend sei.

Sie sah Anne an und antwortete: »Mein Sohn ist zu euch gekommen, weil er seelsorgerliche Hilfe brauchte, und ihr – ihr habt ihn in seiner Sünde und seinem Abfall bestärkt.«

»Doreen«, sagte Anne sanft, »ich glaube wirklich nicht –«

»Hast du ihm gesagt« – Doreen hob ihren Arm und deutete auf Anne wie ein alttestamentlicher Prophet, der das Gericht über Israel verkündet, »daß es keine Rolle spielt, was er glaubt oder nicht glaubt?«

Anne schüttelte frustriert den Kopf. »Ja, aber es war –«

»Hast du Charles dazu ermutigt, zu glauben, dem Herrn sei es gleichgültig, daß er der Sünde des Zweifels schuldig sei, und hast du« – Doreens Gesicht lief tiefrot an, und ihre Stimme erhob sich beinahe zu einem Schreien – »hast du selbst Zweifel an der Existenz Gottes ausgesät? Hast du ihn zu dem Glauben verleitet, all seine früheren Erfahrungen seien bedeutungslos, weil sie in Wirklichkeit etwas anderes bedeuteten, etwas, das *du* niemals hättest zulassen dürfen? Hast du das getan?«

»Doreen, das ist eine verzerrte Darstellung dessen, was wirklich passiert ist. Ich wollte, daß Charles sich entspannt, damit seine Gefühle gegenüber seinem Vater sich –«

»Du wolltest! Du wolltest! Du wolltest! Warum ist das, was du wolltest, so wichtig? Sag mir, warum die Dinge, die du sagst und denkst und – und *willst*, für meinen Sohn immer so viel wichtiger waren als das, was ich will. Warum? Sag mir den Grund! Ich tadele dich im Namen des Herrn dafür, daß du ihn dazu verführt hast, deinem eigenen widergöttlichen Liberalismus und deinem halbherzigen Festhalten an den Dingen des Geistes und dem Wort Gottes nachzueifern!«

Dies war offensichtlich eine Rede, die Doreen auf dem Weg zu unserem Haus einstudiert hatte, und ich muß zugeben, daß sie mich völlig sprachlos machte. Ich hatte das vage Gefühl, daß ich als Oberhaupt der Familie eigentlich etwas unternehmen müßte, aber mir fiel nichts ein, was ich sagen könnte. Ich hätte mir keine Gedanken zu machen brauchen. Anne sah plötzlich nicht mehr verzweifelt aus und betrachtete Doreen mit einem sehr festen Blick. Sie sprach mit einer gelassenen Sicherheit, wie ich sie selten gehört habe, und als sie fortfuhr, hatte ihre Stimme den Klang einer Glocke.

»Es ist nichts Liberales daran, einem anderen Menschen auf dem Weg, auf dem er unterwegs ist, entgegenzugehen und ihn in Sicherheit zu bringen. Wenn das liberal ist, dann ist Gott ein Liberaler. Es ist nichts Liberales daran, Leuten zu helfen, die falschen religiösen oder weltlichen Götzen und Bilder zu zerschlagen, die sie im Stich gelassen und ihnen über Jahre hinweg nichts zurückgegeben haben. Wenn es liberal ist, das zu tun, dann ist Gott ein Liberaler. Es ist nichts Liberales daran, die göttlichen Gaben der Kreativität, der Flexibilität und des Einfallsreichtums zu gebrauchen, um Türen des Verstehens und der Freude für die zu öffnen, die dringend erfahren müssen, daß in den Armen des Vaters in Wirklichkeit Barmherzigkeit und Fürsorge auf sie warten. Wenn das liberal ist, dann ist der Gott, der diese Welt geschaffen hat, ein Liberaler. Es ist nichts Liberales daran, selbst auf dem schmalsten Pfad zu gehen, der sich denken läßt, aber die Arme so weit auszubreiten, wie es nur geht, um so viele andere wie möglich darin einzuschließen und aufzunehmen. Wenn das liberal ist, dann sind die frömmsten Männer und Frauen, denen ich je begegnet bin, samt und sonders Liberale. Es ist nichts Liberales daran, weit hinten in der Expedition zu bleiben, um anderen die Schnürsenkel zu binden und die Dicken und Langsamen und

Fußkranken zu ermutigen, statt triumphierend vorneweg zu marschieren, damit man als erster ans Endziel gelangt. Wenn *das* liberal ist, dann war Jesus der größte Liberale von allen.«

Es trat eine Pause ein, und als Anne weitersprach, klang ihre Stimme viel weicher.

»Doreen, ich weiß, daß dir das alles sehr weh tut, und ich weiß auch, daß das sehr viel damit zu tun hat, daß Charles mit seinen Nöten nicht zu dir kommt. Wenn ich das jemals auf irgendeine Weise noch schlimmer gemacht habe, als es ohnehin schon war, dann möchte ich mich dafür rückhaltlos entschuldigen, aber meinst du nicht, daß es, wenn du ihm einfach – wenn du ihm einfach ganz frei deine Liebe und Unterstützung anbieten würdest, ohne dir so viele Gedanken über die christliche Seite der Sache zu machen, nur für eine Weile – meinst du nicht, daß das einen Riesenunterschied ausmachen würde? Wir lieben ihn doch alle, nicht? Laß uns bitte keine Feinde sein, Doreen. Komm, laß dich in die Arme nehmen.«

Anne streckte ihre Arme aus und trat einen Schritt vor. Einen Moment lang löste sich Doreens Gesichtsausdruck und wurde weich, wie bei einem kleinen Mädchen, wenn es plötzlich von seinen eigenen Gefühlen überwältigt wird, und ich dachte schon, daß sie reagieren würde, doch der Moment ging vorbei, und eine Sekunde später war sie draußen und schlug die Tür hinter sich zu.

»Diese Familie tut mir sehr leid«, sagte Anne traurig, als ich sie statt dessen umarmte. »Es wird so schwer für sie sein, einen neuen Weg zu finden ...«

Mittwoch, 20. April

Anne kam heute abend mit einem Blatt Papier und einem Foto in der Hand die Treppe herunter.

»Schau mal«, sagte sie, »hier ist ein alter Brief von Andromeda. Ich glaube, den haben wir seit Jahren nicht in den Händen gehabt. Er lag ganz hinten in der untersten Schublade im Schlafzimmer, zusammen mit dem Foto, das sie uns damals schickte. So was von süß! Schau nur.«

Andromeda Veal ist Edwins Nichte. Wir lernten sie kennen, als sie ein kleines Mädchen von etwa sechs Jahren war. Sie wohnte einige Zeit bei uns, und da sie sehr stark von ihrer Mutter und deren Freundin Gwenda beeinflußt war, kritisierte sie ständig mich und so ziemlich alle anderen dafür, anti-feministisch und nicht hingegeben genug an die Sache des Sozialismus zu sein. Ihr Lieblingssatz war, wenn ich mich richtig erinnere: »Ich fürchte, ich finde das gar nicht komisch.«

Später mußte Andromeda mit einem gebrochenen Oberschenkelknochen ins Krankenhaus und lag für einige Zeit im Streckverband. Währenddessen wurden wir durch Briefe und Besuche recht gute Freunde, und Andromeda wurde sogar ungefähr um diese Zeit Christ. Sie vergötterte Anne und war völlig hingerissen von Gerald, der ihr für die Dauer des Krankenhausaufenthalts seinen *Personal Stereo Walkman* lieh, den sie allerdings stets als sein »persönliches Problem bezeichnete«.

Heute wohnt Andromeda mit ihren turbulenten, aber wiedervereinten Eltern in London. Der Brief, den Anne gefunden hatte, muß wohl kurz nach ihrer Entlassung aus dem Krankenhaus geschrieben worden sein. Hier ist der Wortlaut (genauso, wie sie ihn geschrieben hat):

Sah mir das Foto an. Es zeigte eine strahlende Andromeda im Brautjungfernkleid, und ihre Mama lugte nervös hinter ihrer Schulter hervor. Das Foto mußte wohl entstanden sein, kurz bevor die Schurkin Gwenda aus- und der Held Papa wieder einzog.

Müssen Andromeda wieder mal einladen und sehen, was für eine Art Sechzehnjährige aus ihr geworden ist.

Donnerstag, 21. April

Anne rief heute Doreen an und versuchte mit ihr zu reden, aber sie wurde nur mit eisiger Höflichkeit abgespeist. Trotzdem froh, daß sie es versucht hat.

Freitag, 22. April

Gerald beim Abendessen heute sehr still. Als wir mit dem Essen fertig waren, lehnte er sich auf seinem Stuhl zurück und sagte: »Ob wir uns wohl am Sonntagabend mal ein bißchen Zeit zum Reden nehmen können?«

Liebe Anne, lieber Gehralt, netter Farschißt
(damit meint sie mich)

wi ier ahle wist, ißt mein Senkel außraichent widerheengestellt, sodaß ich keine Atraktion mer sein brauch und nach hause zu Muter und Gwenda kann, die forübergehend aufgehört haben, Fee-Minister zu sein, weil der Dockter sagt, ich brauch ein paar Tage Reh-Konferenz oder so. Ich darf jez wider in meinem Zimmer schlafen, aber Gwenda sakt, in einer idealen Welt würde niemand was besitzen, sondern alle würden alles besitsen. Wahschainlich hat sie recht, aber ich weis nur, das ich ein bischen geflennt habe, als ich wider in mein Zimmer kam, und dann ganz froh war, das der Rest nicht da war.

Muter und ich haben jez beide Gehaimnisse vor Gwenda, Anne. Mein Gehaimnis ist Lucky Lucy, die Puppe die ir ausgesucht habt, weil sie feste Unterhosen an hatte. Ir habt sie mir ins Bett gelegt, als ich horrorzontal und am Schlafen war. O Anne, ich liebe Lucky Lucy, auch wenn sie das Mittel der Gesellschaft ißt um die suppjektiefe waipliche Rolle zu befässtigen. Wie du weist war die einzige andere Puppe die ich hatte ein kleiner Plastickmann und Gwenda hat gesakt, das ich ihn Schowie nennen soll und er wurde ein Opfer famil-jährer Gewalt. Ich mußte Lucky Lucy aus dem Krahnkenhaus schmukkeln, und jez wohnt sie in einem kleinen Schrank in meinem Zimmer wie Anne Frank. Papa sakt, neben Gwenda siet die Gestarpo aus wie ein Haufen Sotsial Arbeiter, darum hoffe ich, das sie Lucky Lucy nicht findet.

Muters Gehaimnis ist das Papa im Krahnkenhaus war und sie sich gans doll gedrükkt haben und sie dauernd Papas Foto auf dem Nachtisch ankukt und er sie bald besuchen komt, und Muter versucht den Muth aufzubringen zu Gwenda zu sagen genuch ißt genuch. O Anne ich wünsch mir so sehr, das Mama und Papa sich wider fertragen.

Also warum ich eigentlich schraibe is weil meine Kusine Merle bald heiratet, und o Anne sie will das ich ir die Praut Jungfer mache mit nem hübschen Kleid an und so. Stell dir vor wi ich hinter der Praut den gansen gank lank gehe, Anne was? Super duper aufrehgend! Gwenda hihlt garnix von der gansen Idee, weil sie sakt, die Ehe ißt nur ein Mittel der Menner um die Frauen in Knächt Schaft zu halten und Muter hat datsu genikt aber o Anne dann hat sie mir haimlig mein Kleid gekauft und mich soga darin fottograffiert und ich schtecke es in diesen Briehf. Papa sakt, Muter is schfach, aber süs.

Schtell dir vor ich fange den Blumen-schtraus auf, wenn die Praut ihn weg-schmeisst Anne. Dan bin ich als nexte dran! Gehralt ißt doch nicht ferheiratet oder ferlohpt oder so?

Logische Bindungen
Andromeda und Lucky Lucy

P.S. Sakt Gehralt wen er sich ein bischen 1sam fült one sein persönliches Problem mus er komen und sichs holen.

Anne und ich erstarrten – ich mit einem Stück Cheddarkäse auf halbem Weg zum Mund, sie mitten in der Bewegung, Krümel von einem Teller auf einen anderen zu kratzen. Wußte, daß wir uns beide dieselbe Frage stellten – hatte Gerald etwa vor, das Geheimnis seiner drei Monate ohne Arbeit und all der langen Spaziergänge und gelegentlichen unerklärten Abwesenheiten zu lüften? Beförderte mein Stück Käse ganz langsam und betont beiläufig an seinen Bestimmungsort. Anne setzte ihr Teller-Abkratzen fort, schabte aber geistesabwesend noch einige Sekunden mit dem Messer über den Teller, nachdem schon nichts mehr zum Abkratzen darauf war. Beide so ängstlich darauf bedacht, nicht überzureagieren, daß keiner von uns überhaupt ein Wort herausbrachte.

Gerald sagte: »Hallo! Ist jemand da draußen? Ich weiß, ich habe die Frage nicht besonders dynamisch formuliert, aber ich wäre schon mit einer ganz kurzen Antwort zufrieden – das heißt, falls es euch nicht zuviel Mühe macht.«

Anne und ich stimmten sofort schrill kichernd ein verlegenes Geplapper an. Eines der Dinge, die ich an Anne besonders mag, ist ihre Verletzbarkeit in allen wichtigen Dingen, die mit Gerald zu tun haben. Bei allen anderen kann sie so weise und gelassen sein, aber bei ihm ist es anders. Ich muß ihr das irgendwann sagen (vielleicht).

Verabredeten uns für Sonntagabend zum »Reden«.

Samstag, 23. April

Habe heute mit Richard einen langen Spaziergang über die Hügel gemacht. Der arme Kerl hat es sehr schwer, sich mitzuteilen, wenn echte Gefühle im Spiel sind. Erzählte mir, daß er jetzt sehr gut mit Charles auskommt, obwohl Charles immer noch darauf beharrt, daß die ganze Sache mit dem Christentum nicht sein »Ding« ist. Mir kamen fast die Tränen, als Richard sagte, daß er im stillen vor dem Herrn Buße dafür getan habe, seinen Sohn mit religiösen Erwartungen überschüttet zu haben, während er ihn eigentlich einfach hätte lieben sollen.

Erkundigte mich nach Doreen.

Richard sagte, sie sei sehr wütend und kurz angebunden. Spricht kaum mit Charles und gibt die Schuld an so ziemlich allem Anne und ein oder zwei anderen Leuten aus der Gemeinde. Richard sagte, er bezweifelt, daß sie sich weiterhin in meiner Unterstützergruppe engagieren wird.

»Ich wünschte«, sagte Richard wehmütig, »wir wären so wie du und Anne und Gerald. Ihr müßt so froh sein, daß Gerald fest im Glauben steht und all das.«

Nickte automatisch, doch dann wurde mir plötzlich klar, daß ich zwar angeblich immer so offen bin, aber sehr selten über das spreche, was mir *jetzt* zu schaffen macht. Ich schätze, das ist der Grund, warum so viele christliche Redner scheinbar immer nur in der Vergangenheit Probleme haben. Erzählte Richard von unserem bevorstehenden Gespräch mit Gerald, und wie nervös wir beide deswegen seien. Es tat ihm richtig gut, einen Anlaß zu haben, *mich* zu trösten. Beteten zusammen auf einer Holzbank, von der aus wir das Tal überblicken konnten, und schlenderten dann hinunter zu einer kleinen Kneipe, die ich kenne, wo man ein ausgeprochen *vorzügliches* Bier bekommt. Ich weiß, daß der Himmel den Leuten ganz unterschiedliche Dinge bedeutet, aber sich mit einem Bier und einem Freund in der Ecke einer Kneipe niederzulassen, ist schwer zu schlagen.

Kann heute abend nicht einschlafen. Quäle mich, wie ich es schon früher getan habe, mit der Frage herum, ob ich imstande gewesen wäre, Gerald als Opfer darzubringen, wie es Abraham beinahe mit Isaak getan hätte. Komisch, wenn ich an all die Male denke, als ich Gott um Vergebung dafür bat, daß ich Gerald mehr liebte als Jesus. Konnte mir nie vorstellen, zwischen ihnen zu wählen, und kann es auch jetzt nicht. Ich sage mir selbst, daß das für mich jetzt, wo ich Gott ein kleines bißchen besser verstehe, kein Problem mehr ist. Bin mir aber nicht ganz sicher. Ob Gerald wohl weiß, wie sehr ich ihn liebe? Wohl nicht. Sollte es wohl öfter sagen.

Ja, und mmmmmmmmmmmmmmmmmmmmmmmmmmmm
mmmmmmmmmmmmmmmmmmmmmmmmmmmmmmmmmm
mmmmmmmmmmmmmmmmmmmmmmmmmmmmmmmmmm
mmmmmmmmmmmmmmmmmmmmmmmmmmmmmmmmmm

Ostersonntag, 24. April
Wachte heute nacht um Mitternacht auf und stellte fest, daß ich blödsinnigerweise mit dem Finger auf der »m«-Taste meines Laptop-Computers eingedöst war. Bis ich aufwachte, hatte ich fünfunddreißig Seiten mit »m« gefüllt. Löschte sie wieder und ging ins Bett. Dachte mir, ich lasse ein paar drin, um meine Aufzeichnungen nicht zu verfälschen. Anne meint, diese Entscheidung qualifiziere mich nun endgültig für die dauerhafte Aufnahme in einer geschlossenen Anstalt.

Manchmal glaube ich, daß mein Computer mich verachtet. Er macht immer so ätzende Bemerkungen wie »WOLLEN SIE *DAS* WIRKLICH SPEICHERN?«

Ostersonntag ist mein Lieblingsgottesdienst, glaube ich. An einem Ostersonntag scheint alles möglich zu sein. Wenn man's recht bedenkt – ich schätze, alles ist möglich *wegen* Ostersonntag.

Wünschte mir heute, der Gottesdienst würde nie zu Ende gehen. Wünschte, der Abend würde niemals kommen.

Beim Tee herrschte, wie nicht anders zu erwarten, eine etwas nervöse Stimmung. Anne aß kaum etwas.

»Lassen wir den Abwasch stehen«, schlug Gerald vor und sah mich dabei an, weil ich an der Reihe war. »Du und Mama, ihr beide setzt euch ins Wohnzimmer, und ich bringe euch einen Kaffee.«

Ging mit Anne durch die Diele zum Wohnzimmer. Aus irgendeinem Grund fühlten wir uns wie gemeinsame Bewerber für einen Job, die gelogen hatten, um den Posten zu bekommen, für den sie sich jetzt vorstellten. Alle möglichen alptraumhaften Szenarien flatterten mir durch den Kopf, als wir uns gesittet nebeneinander aufs Sofa setzten. Versuchte sie auszublenden. Spürte einen Schauder auf meinem Rücken, als ich ihn durch die Diele kommen hörte. In den nächsten fünf Minuten konnte sich alles verändern.

Sah Anne an. Sie ließ die Luft ausströmen, die sie seit einiger Zeit angehalten hatte, und sagte: »Na dann.«

»Ja«, sagte ich, »dachte ich auch gerade.«

Gerald werkelte unnötig lange mit unserem Kaffee herum, bis er sich endlich in den Sessel uns gegenüber setzte. Nippte ein paarmal aus einem Glas, das definitiv keinen Kaffee enthielt.

Mit einem Tonfall, der scherzhaft klingen sollte, aber dann herauskam wie etwas aus den finstersten Passagen von Macbeth, sagte ich: »Wir werden doch nicht etwa so einen brauchen, Gerald?«

»Tja, ich weiß nicht«, sagte Gerald, ohne zu lächeln. »Vielleicht schon. Soll ich euch einen holen?«

»Bitte, Gerald«, sagte Anne mit aschfahlem Gesicht, »bitte sag, was du zu sagen hast. Ich kann Wartezimmer bei Zahnärzten nicht sehr gut ertragen.«

»Ich auch nicht«, sagte ich und wollte plötzlich überhaupt nicht mehr hören, was Gerald zu sagen hatte. »Als ich auf dem College war, fand sich eine kleine Gruppe von Leuten zusammen, die alle den Zahnarzt haßten, und wir schworen uns, daß immer dann, wenn einer von uns sich einen Zahn würde ziehen lassen müssen, mindestens ein anderer mit ihm gehen würde, um es ihm ein wenig erträglicher zu machen. Wenn ich mich richtig erinnerte, nannten wir uns die ›Extraktions-Reaktions-Aktions-Fraktion‹, und wir trafen uns –«

»Adrian«, sagte Anne.

»Ja?«

»Bitte sei still.«

»Tut mir leid.«

»Also«, sagte Gerald, »dann mal los.« Er sah uns einen Moment lang an. »Was ich euch sagen will, wird euch vielleicht ein bißchen überraschen. Um ehrlich zu sein, mich hat es selbst überrascht, als – nun, als es passiert ist. Ich werde euch erst einmal sagen, was es nicht ist, damit ihr euch nicht zu sehr aufregt. Zum Beispiel bin ich nicht schwul.«

Anne und ich brachen lachend auf dem Sofa zusammen. Schwul, also wirklich! Als ob wir uns um so etwas je Sorgen gemacht hätten! Was für ein dummes Zeug! Und selbst wenn, mit unserer liebevollen, barmherzigen Einstellung zu solchen Dingen wären wir damit ja wohl klar gekommen, oder?

Innerlich atmete ich erleichtert auf. Alptraum-Szenario Nummer eins aus dem Weg, Gott sei Dank.

»Und ich bin auch nicht schwanger«, sagte Gerald ernst.

Also, *das* war ja eine spaßige Unterhaltung! Nicht schwanger – ha, ha, ha!

»Und ich habe auch niemand anderes geschwängert.«

Puh! Damit war A. S. Nummer zwei auch erledigt. Vielleicht war es am Ende gar nichts so Schlimmes. Vielleicht war es nur -

»Ich werde Striptease-Tänzer.«

Saß da und starrte in grenzenloser Verblüffung vor mich hin. Ging eilig meine Liste von Alptraum-Szenarien durch. Kein Striptease-Tänzer in Sicht.

Ich sagte: »Gerald, ich bin absolut –«

»Adrian«, unterbrach mich Anne, »ich glaube, Gerald hat vielleicht nur einen Scherz gemacht, meinst du nicht?«

»Tut mir leid, Paps«, sagte Gerald reumütig, »fällt mir ein bißchen schwer, zur Sache zu kommen.« Er räusperte sich. »Es geht eigentlich um meinen Glauben.«

Ertappte mich dabei, voller Wehmut zurückzublicken zu jenen guten alten Tagen vor ein paar Sekunden, als ich noch dachte, mein Sohn hätte vor, seinen Lebensunterhalt als Striptease-Tänzer zu bestreiten. Was war schließlich so schlimm daran, sich in der Öffentlichkeit auszuziehen? Flehte im stillen zu Gott:

»Laß es bitte nicht sein, daß Gerald an nichts mehr glaubt. All die Nächte, als er noch klein war – du mußt dich doch erinnern, wie ich mich immer in sein Zimmer schlich und mit dir über ihn redete – dich bat, manchmal mit Tränen in den Augen, dich um ihn zu kümmern und ihn in deiner Nähe zu halten? Das war ein Gebet, und du erhörst doch Gebete, nicht wahr? Nicht wahr?«

»Erinnerst du dich, Papa«, sagte Gerald, »wie damals Pater John in unserer Gemeinde sprach und sagte, im Himmel müsse es extra für dich Fußball geben?«

»Mhm.« Ich nickte und lächelte. An diesen Gottesdienst erinnerte ich mich besonders gut. Er hatte mir eine uralte Last von den Schultern genommen.

»Tja, beim Kaffee hinterher habe ich mich ein bißchen mit ihm unterhalten, und da sagte er plötzlich aus heiterem Himmel: ›Hast du je daran gedacht, anglikanischer Geistlicher zu werden?‹ Da ich nicht wußte, wie ich darauf antworten sollte, wurde ich ein bißchen albern, nehme ich an. Ich sagte, erstens wüßte ich nicht genau, was die anglikanische Kirche sei, zweitens hätte ich nichts zu predigen und drittens sei mir Gott immer noch ein komplettes Rätsel. Er lachte und sagte: ›In dem Fall erfüllst du vollkommen die normalen Voraussetzungen. Ich bin sogar sicher, wenn der Bischof jetzt hier wäre, würde er dich auf der Stelle ordinieren.‹ Ich fand das damals ziemlich witzig, aber ich habe es bestimmt nicht sehr ernstgenommen. Aber im Lauf der Jahre – es ist wirklich komisch – habe ich immer wieder in meinem Kopf Pater Johns Stimme gehört, wie er mir diese Frage stellte. Es war wie so eine Art sinnloses Geheimnis, das sich nicht mitzuteilen lohnte, aber dann, an einem Sonntag vor ungefähr einem Jahr, ging ich in eine anglikanische Kirche in der Straße, wo ich damals wohnte. Ich war schon einige Male dort gewesen, aber ich weiß eigentlich nicht recht, warum. Es war keine besonders lebendige Gemeinde, und der Pfarrer machte so einen geschlagenen, resignierten Eindruck. Ich merkte schon beim ersten Mal, als ich dort war, daß er sich von seiner Gemeinde bedroht fühlte – ich meine, man fängt eine Predigt normalerweise mit ›Liebe Gemeinde‹ an, oder, nicht mit ›Meine Damen und Herren Geschworenen‹?«

Ich kicherte pflichtschuldig und voller Erleichterung darüber, daß mein Sohn weder schwul noch schwanger noch im Begriff war, unvorhergesehenerweise Striptease-Tänzer zu werden. Anne lachte nicht. Sie schnalzte ungeduldig mit der Zunge.

»Tut mir leid, Mamuschka«, sagte Gerald, »alberner Witz – bin ein bißchen verlegen. Also, an diesem Sonntag saß ich dort im Abendgottesdienst, wobei meine Gegenwart das Durchschnittsalter der Versammlung vermutlich auf etwa dreiundachtzig senkte, und ich hatte mich gerade gefragt, was in aller Welt ich hier eigentlich wollte, als so ein seltsames Gefühl durch mich hindurchging. Anders kann ich es nicht beschreiben – es war so, als ob mich ein Lichtstrahl anfüllte und dann weiterzog, aber – aber eine Art stiller Gewißheit zurückließ, daß ich eines Tages ...«

Gerald schien es nicht ganz über sich zu bringen, die Worte endlich auszusprechen.

»Sag es, Gerald«, sagte Anne.

»Ich hörte dieselbe Frage wieder, noch deutlicher als zuvor – genau dieselben Worte, nur daß es diesmal nicht Pater John war, der fragte, und daß ich diesmal ›ja‹ sagte. Ich glaube, Gott hat mich gebeten, Priester in der anglikanischen Kirche zu werden. Ich weiß, es gibt Leute, die sich mit diversen besonders scharf geschliffenen Bibelpassagen auf mich stürzen würden dafür, daß ich das sage, aber ich fürchte, das ist deren Problem. Ich meine das nicht böse, aber ich meine es.«

»Natürlich«, sagte Anne.

»Und während der letzten Monate«, fuhr Gerald fort, »bin ich viel spazierengegangen und habe nachgedacht und gebetet und kleine Texte für dich geschrieben, Paps, um mich zu vergewissern, daß nicht meine Phantasie mit mir durchgegangen ist. Ich war mir schon vorher sicher, aber jetzt bin ich mir noch sicherer. Das ist es, was ich tun werde, und ich war auch schon bei dem Dingsbums-Direktor und habe die Sache in Gang gebracht.« Er lächelte uns an, wie er es seit vierundzwanzig Jahren getan hat. »Was haltet ihr davon?«

Machten gemeinsam die Flasche Nicht-Kaffee nieder.

Anne und Gerald sind jetzt schlafen gegangen. Anne scheint großen Frieden über Geralds Neuigkeit zu haben, und ich glaube, ich auch, aber mich plagen noch eine oder zwei kleine Sorgen. Was wird Edwin davon halten, daß er sich einem der, wie manche Leute sagen würden, »toten Glieder« des Leibes Christi zuwendet? Was halte ich davon? Was hält Gott davon? Na ja, da er ja derjenige ist, der den Vorschlag gemacht hat, muß er es wohl für eine gute Idee halten. Kann mir Gerald nicht in einem umgedrehten Kragen vorstellen, wie ihn mein Freund Vladimir trägt. Ich weiß, es ist schon spät, aber ich glaube, ich rufe Edwin noch kurz an und höre mal, was er sagt.

FÜNF MINUTEN SPÄTER

Edwin wußte schon Bescheid. Meinte, er sei es gewesen, der Gerald den Rat gegeben habe, die Sache in Angriff zu nehmen. Fragte ihn, ob er mit den Leuten übereinstimme, die sagen, die traditionellen Denominationen seien tote Glieder.

Er sagte: »Quatsch mit Soße. Gute Nacht.«

Montag, 25. April
Gerade wurde mir bewußt, daß alle meine Sorgen-Bestseller vom Markt verschwunden sind – dem Himmel sei Dank. Dumm ist nur, daß (jedenfalls in meinem Leben) die Bestsellerliste nie leer wird und immer neue Kandidaten nachrücken.

Dienstag, 26. April
Komisches Gefühl, mit Glander an der Arbeit zu sein, jetzt, wo er Christ ist. Gehen momentan etwas unsicher miteinander um und versuchen herauszufinden, was jetzt an die Stelle meines defensiven Blökens und seiner sarkastischen Retouren treten soll. Er muß eine Menge ätzender Bemerkungen von einigen der anderen Jungs an der Arbeit über sich ergehen lassen, die es immer genossen haben, mit anzuhören, wie er über mich und meinen Glauben hergezogen ist. Muß zugeben, daß die Art, wie er die Stellung hält, mir Bewunderung abnötigt. Trotzdem mag ich ihn immer noch nicht.

Anne meint, wir sollten ihn bald einmal zu uns zum Essen einladen, um anzufangen, eine richtige Freundschaft aufzubauen.

Oh, Herr, könnte ich nicht statt dessen irgend etwas Angenehmeres tun, wie etwa Frösche von innen nach außen stülpen und die schleimigen Eingeweide essen?

Tut mir leid – werde es versuchen.

Mittwoch, 27. April
Erstaunlicher Abend bei uns zu Hause. Fing ganz normal damit an, daß die Unterstützergruppe sich zu einem unserer regelmäßigen Treffen versammelte. Zu meiner Überraschung tauchte Doreen doch auf. Sah nicht sehr fröhlich aus und sagte nicht viel, aber sie war da.

Alles schien ganz gut zu laufen, nur daß ich mir ein bißchen Sorgen um Leonard machte. Er sagte *überhaupt nichts* Albernes oder Verrücktes während des offiziellen Hauptteils des Abends, während wir von unserer Australienreise berichteten, und sah sehr niedergeschlagen aus. Als es Zeit für den Kaffee war und alle einen Moment lang schwiegen, sagte ich: »Leonard, stimmt etwas nicht, können wir dir irgendwie helfen? Du siehst nicht gerade fröhlich aus.«

Normalerweise liebt Leonard es, im Mittelpunkt der Aufmerksamkeit zu stehen – darum hatte ich abgewartet, bis alle zuhörten. Doch er hob nicht einmal den Kopf. Er sagte: »Tut mir leid, daß ich solchen Trübsinn verbreite, Leute. Nachdem ich mit der Trinkerei aufgehört habe und dann Mutter gestorben ist und« – ein Blick zu Edwin – »das nicht gut genug als Entschuldigung dafür war, daß ich wieder zu trinken angefangen habe, glaube ich, ich gehe durch –« Er verstummte und kniff die Augen zusammen, als versuchte er, sich an etwas zu erinnern. Plötzlich hob er den Zeigefinger. »Das ist es – ich glaube, ich gehe durch die lange dunkle Nacht der Seele. Ich fange ständig an zu weinen, wenn ich allein zu Hause bin.« Allenthalben teilnehmendes Gemurmel auf dieses klägliche Bekenntnis hin.

»Oh, Lenny-Baby, komm zu Mama Gloria!« Gloria Marsh, die sehr lieb ist, abgesehen davon, daß sie – nun ja, noch so manches andere ist, saß neben Thynn auf dem Sofa. Die Unterlippe voller Mitgefühl vorgestreckt, war sie beinahe selbst am Weinen. Warf ihre Arme um ihn und drückte ihn so fest an ihre Brust, daß sein Kopf völlig verschwand. Für einen flüchtigen Moment war ich dadurch etwas abgelenkt, aber ich machte mir wirklich Gedanken um Leonard.

Richard fragte mit aufrichtig besorgtem Tonfall: »Leonard, hast du den Herrn gebeten, dich in dieser Zeit der Prüfung zu tragen?«

Seltsame, erstickte Laute, die aus der Gegend von Glorias Schoß aufstiegen, ließen darauf schließen, daß Leonard sein Bestes tat, um zu antworten. Als sie ihn losließ, kam er atemlos und mit hochrotem Kopf wieder zum Vorschein. Später meinte Gerald, er hätte ausgesehen wie ein halb ertrunkener Mann, der gierig nach künstlicher Beatmung verlangte, um so schnell wie möglich wieder ins Wasser zu können.

»Tut mir leid«, sagte er, nachdem er wieder zu Atem gekommen war, »ich habe die Frage nicht ganz verstanden. Meine Ohren waren – waren bedeckt.«

»Ich habe gefragt«, wiederholte Richard, »ob du den Herrn gebeten hast, dich in dieser Zeit der Prüfung zu tragen.«

»Ja«, sagte Leonard schlicht, »aber es hat nicht funktioniert.«

Richard nickte, doch auf Doreens Gesicht erschien ein seltsam entschlossener Ausdruck. »Leonard, der Herr trägt seine Kinder *immer* durch Zeiten der Not. Möchtest du, daß ich dir die Hände auflege und seinen Segen auf dich herabbete, wie ich es schon früher getan habe?«

»Nein danke, Doreen«, erwiderte Leonard mit einer Stimme, so tonlos und müde, wie ich es bei ihm noch nie gehört hatte. »Es ist ziemlich mühselig, so zu tun, als ginge es einem besser – glaube nicht, daß ich das heute schaffe. Tut mir leid.«

Leonard wollte nicht sarkastisch sein. Er war einfach zu deprimiert, um etwas anderes als die Wahrheit von sich zu geben.

Doreen wurde kalkweiß, stand auf und sagte zu Edwin: »Dies ist eine Verhöhnung des Wirkens des Herrn. Ich weigere mich, mich noch länger daran zu beteiligen. Ich werde jetzt gehen.«

Wie Anne später sagte, war Doreen offensichtlich nur gekommen, um wieder zu gehen, sozusagen, und dies war nur der Auslöser, auf den sie gewartet hatte. Edwin versuchte nicht, sie aufzuhalten. Er nickte nur sanft.

Als sie die Tür erreichte, blieb Doreen stehen und fragte mit einer Stimme, die so mürbe klang, daß sie beinahe brach: »Kommst du, Richard?«

Wir alle wünschten uns in diesem Augenblick weit fort. Richard saß da, das Gesicht in den Händen verborgen, und rührte sich nicht. Er machte einen erbärmlichen Versuch, seine Stimme normal klingen zu lassen, als er antwortete: »Äh, nein, geh nur schon vor, Liebling, ich komme ein wenig später nach.«

Sie sah ihn nur einen Augenblick an, dann ging sie. Irgend etwas Wichtiges war geschehen.

Eine Weile lang herrschte Schweigen, dann sagte Edwin wie zu sich selbst: »Wie Pater John uns immer sagte – es gibt nur Ärger, wenn man zuläßt, daß sich die vulgäre Wahrheit in der Gemeinde einschleicht. Kommen wir zurück zur Sache.«

Er wandte sich an Leonard.

»Hör mal, Leonard, vergiß erst einmal, was irgend jemand anderes sagt. Wenn du willst, und *nur*, wenn du willst, erzähle uns genau, wie du dich fühlst. Kümmere dich nicht darum, was du meinst, denken oder fühlen zu *sollen* – das ist nicht wichtig. Und wir hören einfach zu, okay? Oder wenn dir das lieber ist, sprechen wir jetzt nicht weiter darüber – wir unterhalten uns über etwas anderes, und wir beide können später noch miteinander reden. Es liegt ganz an dir.«

Gloria hielt Leonards Linke fest mit beiden Händen umklammert und lächelte ihn ermutigend an.

»Tja«, sagte Leonard, »es ist einfach so, daß –« Er sah uns alle nacheinander an und seufzte elend. »Ich glaube, ich habe eigentlich nie so richtig daran geglaubt – die ganze Sache mit Gott, meine ich. Jedenfalls nicht so wie ihr anderen. Adrian ist immer ganz begeistert davon, wenn er vor vielen Leuten spricht, auch wenn er im wirklichen Leben anders ist.« Versuchte, durch schiere Willenskraft nicht rot zu werden. »Aber *ich* nicht. Und ich habe Gott noch nie zu mir sprechen hören, so wie er ständig zu Richard und – und Doreen spricht. Warum hat er zu den beiden immer jede Menge zu sagen, aber nie zu mir?«

Es war keine Klage, er fragte nur.

(Mußte unwillkürlich an das Gespräch denken, das Anne und Gerald und ich mit Charles in unserer Küche hatten. Wie viele davon gibt es noch, um Himmels willen?)

Edwin schüttelte langsam den Kopf. »Tja, da sitzen wir zwei wohl in einem Boot, Leonard«, sagte er leise. »Ich fürchte, Gott hat zu mir auch nicht allzuviel Konkretes zu sagen. Freilich bin ich auch nicht besonders gut im Zuhören...«

»Aber du glaubst doch an ihn, oder nicht?« fragte Leonard mit einem Anflug von Beunruhigung in der Stimme. Manche Mauern sind am Ende doch tragend.

»Oh, ja«, antwortete Edwin. Seine Stimme war kaum mehr als ein Flüstern, aber voll mit der Wärme und Leidenschaft eines aus tiefstem Herzen liebenden Mannes. »Ich glaube an ihn – das habe ich immer getan. Ich gehöre ihm.«

»Ich glaube eigentlich nicht, daß ich irgend jemandem gehöre«, sagte Leonard trübsinnig. »Ich habe nichts von all dem vorzuweisen, was ihr habt.« Kurzes Schweigen, dann runzelte er plötzlich die Stirn, und die Wurzel seiner tiefsten Sorge war in die Linien dieses finsteren Gesichtsausdrucks gegraben. »Ich glaube, er will mich nicht, weil ich so dumm bin.«

Leonards Augen füllten sich mit Tränen, und uns anderen ging es nicht anders.

In diesem Augenblick beugte sich Stephanie Widgeon, die den ganzen Abend über noch kaum ein Wort zum Gespräch beigetragen hatte, dem Sofa entgegen und sagte: »Lieber Leonard, ich weiß, wir sind erst seit sehr kurzer Zeit Freunde, aber ich möchte dir gern etwas weitergeben, das mir ein großer Trost gewesen ist.«

»Oh, nein«, murmelte ich tonlos vor mich hin, »bitte sagt mir, daß wir jetzt nicht diesen blöden Spruch zu hören kriegen, daß die Kirche nicht das Gebäude sei – bitte nicht *jetzt*! Bring sie zum Schweigen, Edwin!«

Aber er tat es nicht – dieser Mann, der nie die Stimme Gottes hört, brachte sie nicht zum Schweigen.

»Weißt du«, fuhr Stephanie mit funkelnden Augen fort, »die Kirche ist nicht nur ein Gebäude – erst die Leute, die drinnen sind, machen die Kirche aus. Hast du diesen Gedanken schon einmal gehört, Leonard?«

»Ja«, sagte Leonard, dessen Wahrheitsmechanismus immer noch voll am Laufen war, »von dir – jedesmal, wenn ich dich sehe. Und ich habe noch nie kapiert, was du damit meinst. Die Kirche *ist* ein Gebäude, meistens ein großes graues aus Stein, und die Leute, die hineingehen, sind keine Kirchen, sondern Leute.«

»Natürlich«, flötete Stephanie unbeirrt, »aber das ist nur im materiellen Sinn so. Ich meine den geistlichen Sinn.«

Sie lehnte sich zurück und strahlte uns alle an, offenkundig wieder einmal überzeugt davon, die Gruppe mit einem völlig neuen Gedanken konfrontiert zu haben. Ich beschloß, daß es jetzt reichte.

Ich sagte: »Edwin, meinst du nicht, jetzt ist der falsche Zeitpunkt für diese Art von –«

Er hob eine Hand, um mich zu unterbrechen (sehr ungewöhnlich für Edwin, jemanden mitten im Satz zu unterbrechen). »Nein, Adrian, ich glaube, was Stephanie da gesagt hat, ist genau das, was Leonard jetzt hören muß.«

Ihr Strahlen verwandelte sich in ein regelrechtes Signalfeuer.

»Weißt du, Leonard«, fuhr Edwin sanft fort, »Stephanie hat völlig recht, wenn sie sagt, daß die *wirkliche* Kirche – nicht das Gebäude, sondern die Leute, die in der Welt wie Jesus sein müssen, bis er wiederkommt – nun, daß wir diese Kirche sind. Wenn keiner mehr übrig wäre außer dir und mir, dann wären wir die Kirche – wir beide, Edwin Burlesford und Leonard Thynn, der Leib Jesu auf Erden. Und keiner von uns wäre wichtiger als der andere, denn die Bibel sagt, daß alle Glieder gleich wichtig sind und daß wir zusammengehören. Verstehst du das?«

Leonard nickte eifrig und sagte: »Nein, eigentlich nicht.«

Edwin sagte: »Anne, hättest du eine Kerze für uns?«

Ein paar Minuten später war unsere einzige Lichtquelle die flakkernde Flamme einer weißen Haushaltskerze, die auf einer Untertasse auf dem Couchtisch mitten im Zimmer stand. Edwin bat uns, alle die Hände zu halten und einen Moment lang schweigend dazusitzen. Als er sprach, klang seine Stimme ganz klar und beherrscht.

»Leonard, ich bin Alkoholiker und schaffe es Tag für Tag um Haaresbreite, ohne Alkohol auszukommen. Ich bin früher schon betrunken auf der Straße festgenommen worden, und manchmal von Leuten verhöhnt, die mich behaupten hörten, ich sei ein Christ, und mich nur als Trinker kennen. Niemand weiß, wie schwer ich kämpfen muß, um ohne Alkohol zu leben.«

Selbst im schwachen Lichtschein der Kerze war der erstaunte Ausdruck auf Leonards Gesicht nicht zu übersehen. »Aber das ist doch genau das, was ich – du hast mir nie gesagt, daß du...« Dann dämmerte ihm die Erkenntnis. »Du meinst, du...«

»Ich bin sehr stolz darauf«, sagte Edwin leise, »mich zu dem Guten und dem Schlechten in dir, zu deiner Weisheit und deiner Dummheit zu bekennen und sie zu teilen, Leonard, mein lieber Bruder. Du sollst wissen, daß deine Kämpfe und Siege meine Kämpfe und Siege sind. Deine Niederlagen sind meine Niederlagen. Ich hoffe, du kannst auch das Gute und das Schlechte in mir annehmen

– viel mehr Schlechtes, als du denkst, fürchte ich. Aber ich glaube an Gott – diese Woche jedenfalls – also sage ich dir was: Da wir Brüder und Glieder desselben Leibes sind, werde ich deinen Unglauben an mich nehmen, und du kannst meinen Glauben haben.« Er lächelte. »Das wird Gott so sehr verwirren, daß er sich mit uns beiden abgeben wird. Ich glaube, ihm gefällt diese Art Verwirrung. Jesus wollte so sehr, daß wir einander lieben. Sag mir, Leonard, glaubst du an die Hände, die in diesem Moment die deinen berühren?«

»Ja«, sagte Leonard, »das sind ja wirkliche Leute.«

»Stimmt, und diese wirklichen Leute sind Teile von Jesus, und wenn du ihre Hände hältst, hältst du in Wirklichkeit die Hände Gottes. Was immer einem von uns fehlt, das fehlt uns allen. Was immer einer von uns hat, das teilen wir alle miteinander.«

Leonard blickte langsam von Gloria zu seiner Linken zu Anne zu seiner Rechten und lächelte ein wenig.

Edwin sah sich in der Gruppe um. »Wißt ihr, ich kann euch gar nicht sagen, als was für ein Glück ich es empfinde, als Ältester dienen zu können. Wenn ich nur diese kleine Gruppe hier betrachte, wird mir klar, wie reich ich bin. Stephanie hat uns jenes kleine Stück Wahrheit mitgeteilt – mehr als einmal, freilich, aber was für eine großartige Wahrheit, und wie passend zu dem, was heute abend hier geschieht; Leonard, liebenswert und ganz und gar einzigartig; die liebe Anne, warmherzig und weise; Gloria, voller Mitgefühl und Sehnsucht; Gerald, der mir bei vielen, vielen Gelegenheiten die Sonne hat aufleuchten lassen und nun von Gott in eine ganz konkrete Aufgabe gerufen wird; Richard und Doreen, voller Nöte im Moment, aber treue Freunde in der Vergangenheit, begierig, Gott zu dienen – manchmal vielleicht etwas zu begierig, und Adrian, der all seine Stärken unterschätzt und der Welt seine Schwächen zum Geschenk gemacht hat. Ich will nicht zu schmalzig klingen, aber es ist so herrlich, zu wissen, daß all diese Eigenschaften nicht nur die euren, sondern auch die meinen sind. Was die negativeren Dinge angeht – nun, die gehören uns auch gemeinsam, und darum müssen wir uns darin abwechseln, füreinander Jesus zu sein, meint ihr nicht? Ich jedenfalls bin darauf angewiesen, daß ihr alle das für mich tut.«

Wir saßen noch lange still da und betrachteten die Flamme.

Ich glaube nicht, daß ich in Zukunft noch weiter ein Tagebuch schreiben werde, aber eine letzte Sache möchte ich noch festhalten. Es ist das, was ich gerade eben zu Anne zu sagen versuchte, bevor sie schlafen ging.

Ich versuchte ihr zu sagen, daß es Tage gibt, an denen ich alles, was mit der Gemeinde Jesu zu tun hat, als sehr besorgniserregend und verwirrend empfinde – bisweilen sogar als ein bißchen beängstigend. Doch als wir heute abend in der Dunkelheit unseres Wohnzimmers saßen und dieses winzige Licht inmitten unserer Gruppe leuchtete, wußte ich in meinem innersten Herzen, daß die Kirche – Stephanies wirkliche Kirche – am Ende unbeschadet ihr Ziel erreichen wird. Und sie wird deshalb unbeschadet ihr Ziel erreichen, weil es in jeder Generation immer wieder ein paar Leute wie Edwin geben wird – Leute, die dann, wenn das Zungenreden und das prophetische Reden aufgehört haben und das Känguruhspringen zum Stillstand gekommen ist und das religiöse Posieren und Markieren niemanden mehr täuscht, immer noch zur Stelle und bereit sind, wirklich die Lasten der kleinen Leute zu teilen, die ihnen nahe sind, treu der umwerfenden, ewigen Wahrheit, daß wir ein Leib sind, weil wir alle an einem Brot Anteil haben.

Und ich denke, diese Leute werden so sein, weil sie, wenn auch nur auf ganz begrenzte Weise, so sein wollen wie ihr Meister und Freund, der vor langer Zeit an einem Kreuz hing und sich nicht im geringsten schämte, so zerbrochen und so dumm zu sein wie Leonard Thynn und Adrian Plass und Everett Glander und all die anderen in meiner Gemeinde und der ganze Rest der Welt, weil er uns liebte.

Donnerstag, 28. April

Ein letztes noch.

Sagte heute zu Gerald: »Mir ist gerade eingefallen, daß du früher dauernd Anagramme von dir gegeben hast. Was ist aus all dieser fehlgeleiteten kreativen Energie geworden?«

Er lächelte, als er aus dem Zimmer ging, und sagte, »Ach, ich schätze, da bin ich einfach herausgewachsen.«

Fünf Minuten später tauchte er mit sehr ernstem Gesichtsausdruck und einem Zettel in der Hand wieder auf und sagte: »Papa, es hat sich etwas sehr Wichtiges ergeben.«

»Ja«, sagte ich, »was denn?«

»Wußtest du«, erwiderte Gerald, »daß in Kanada ein paar Christen versucht haben, im Glauben eine ganze Stadt zu versetzen?«

»Nein, das wußte ich nicht. Woher weißt du das?«

Er sagte: »Ich habe entdeckt, daß ›TORONTO-SEGEN‹ ein Anagramm für ›GEN OSTEN, O ORT‹ ist.«

Freitag, 29. April

Noch eine wirklich absolut definitiv letzte Sache.

Heute habe ich endlich ein Rätsel gelöst, das mich jahrelang umgetrieben hat. Ich habe nie eine auch nur annähernd befriedigende Antwort auf die folgende Frage bekommen: WARUM HAT SICH LEONARD THYNN UNSERE KATZE AUSGELIEHEN?

Wo immer ich hinkomme, wollen die Leute, die mein erstes Buch gelesen haben, von mir wissen, warum Leonard eines Tages zu uns kam und uns bat, ihm unsere Katze zu leihen. Heute nun beschloß ich, ihm endlich die Wahrheit zu entlocken. Setzte ihn an unseren Küchentisch und fragte ihn rundheraus: »Leonard, weißt du noch, wie du dir einmal unsere Katze ausgeliehen hast?«

Beunruhigter Blick. »Ja.«

»Warum hast du das eigentlich gemacht?«

»Willst du die Wahrheit hören?«

»Ja, die Wahrheit.«

»Also, ich hatte nie ein eigenes Haustier, und –«

»Die Wahrheit, Leonard!«

»Die Wahrheit?«

»Die Wahrheit.«

»Ich hatte dieses Tonbandgerät, und –«

»Leonard!«

Pause – dann mit ganz dünner Stimme: »Mir waren die Vorwände ausgegangen, vorbeizukommen, Adrian...«

Muß unbedingt »kleistogam« im Lexikon nachschlagen.